図解実践

世界最高の学級経営

The Classroom Management Book

成果を上げる教師になるための**50**の技術

ハリー・ウォン／ローズマリー・ウォン 著　稲垣みどり 訳

東洋館出版社

The Classroom Management Book

Copyright©2014 by Harry K.Wong Publications Inc.

Japanese translation rights arranged with HARRY K.WONG PUBLICATIONS,INC.
through Japan UNI Agency,Inc.

献　辞

毎朝，チャイムが鳴って1日が始まるのを待ちきれない，

子どもたちが何をすべきかわかるように準備を整えている，

やりがいを歓迎し，子どもたち全員に成功する能力があると期待している。

尊厳と敬意を持って子どもたちに接し，

子どもたちにも同じことを期待する，

進捗中のことには辛抱強く向き合い，結果を気にかける。

決して諦めない姿勢と，数多くの教育テクニックを持ち，

子どもの人生を変えることを目指し，

実際に子どもを変える。

そんな教師のみなさんに捧げます。

ハリー・K・ウォン
ローズマリー・T・ウォン

INTRODUCTION

序文：日本の先生方へ
『The Classroom Management Book』

生涯の思い出になる旅

　新幹線に乗るのは、特別な体験です。列車は時刻通りに運行しますし、きっぷの回収から次の乗客のための車内清掃まで、すべてにおいて正確です。JRの職員はいつ、何をすべきかを把握していて、新幹線に乗る乗客も、すべきことをわかっています。世界で最も運行本数の多い高速鉄道ですから、時刻どおりに安全に走らせるために、方針と手順が守られています。私たちは日本を訪れるたびに、何度も新幹線に乗りました。そしてその都度、期待どおりか、むしろ期待を上回る体験をしてきました。

　これと同じような一貫性のある研ぎ澄まされた体験は、教室でも実現できるものです。それを可能にするのは、**「学級経営」**です。

学級経営って何？

　学級経営とは、子どもたちが学びを達成できるように、教師が子どもや空間、時間、資料などを組織立てるために行う、あらゆることを指します。計画も、その一部です。計画は、クラスを体系化する一連の手順で、これがあると子どもたちは何をすればいいのか、どのように行えばいいのか、そしていつ行えばいいのかを、学校でも家でも知っておくことができます。

　たとえば授業中のノートのとり方や、教科書の読み方、効率よく用紙を集める方法、宿題のやり方など、多くの手順があります。

　きちんとした学級経営計画は、教師の成功に一番影響し、成果を上げるツールです。**子どもたちがどれだけよく学ぶかの決定要素とも言えるでしょ**

序　文

う。本書『The Classroom Management Book』の目的は、あなたが学級経営計画を立てる手助けをすることです。子どもたちは、学級経営がうまくいっているクラスが好きです。学ぶために何が行われるのかが、わかるからです。

　成果を上げる教師は、学級経営計画を持っています。一連のプロセス、練習、手順から成る計画があれば、指導と学びの環境が整います。学級経営計画は教室の運営マニュアルであり、クラスを成功に導く詳細な手引書です。

計画を立てることの意義

　教師がきちんと計画していればいるほど、子どもたちの人生に役立ちます。子どもたち自身が組織立てること、体系立てることを求めているからです。

　『The Classroom Management Book』は、学級経営に熟達した教師のクラスの中へと、皆さんをご案内します。一貫性のある、予測できる文化をつくり、子どもたちが広く学びを受け入れられるようにしましょう。本書は、あなたが速く成果を上げ、成功するためのガイドブックです。

ハリー&ローズマリー　ウォン

子どもたちは静かに教室に入り，作業を始める

> 学級開きの日，私は教室のドアのところに立って子どもたちを迎えました。子どもたちは静かに中に入り，席につき，始まりの課題に取り掛かりました。
>
> そうしている間にも，別の先生のクラスが大混乱に陥っているのが見えました。教師がなんとか子どもたちを静かにさせようとしているのを見て，思ったものです。「なんて時間の無駄なの！」。
>
> 数日後，その先生に言われました。私のクラスの子どもたちは「いつでも，お行儀がいい！」と。「子どもたちのお行儀がいいというよりは，手順がうまく機能しているのよ」と説明しました。学級経営は手順を使えばうまくいくので，私は成果を上げる教師でいられます。
>
> オレサ・ファーガソン（アーカンソー州フォートスミス）

オレサは本書の共著者であり，彼女の学区で「2010年最高の教師」に選ばれています。テクノロジーのワークショップを開催していて，学級経営の達人。

年度始めに，すべての準備が整っている

> 私は学級経営計画を，学級開きの日に子どもたちと共有し，そして常に確認するようにしてきました。だから子どもたちは教室で何をすべきかわかっていますし，私がどういう行動を期待しているか，子ども同士がどう接することを期待しているかも把握できています。1年の初めに学級経営計画と手順があるおかげで，教室内での物事の進め方を子どもたちは理解しているのです。
>
> 私のクラスの子どもたちには，目立つ問題行動はありません。そして一番大切なことですが，いつも高いレベルで学びを達成します。
>
> サラ・F・ジョンダル（カリフォルニア州ブレントウッド）

サラは本書の共著者であり，彼女が教師になって1年目のとき，ウォン夫妻はその学級経営を見て「これだ」と思いました。サラは，つとめている学校の「2014年最高の教師」に選ばれています。

謝　辞

　この本は何百人もの教師が，自身の仕事について共有してくれなければ存在し得ませんでした。写真，教室，アイデア，作品等を本書に掲載することを許してくださった皆さま，そして関係機関に心から感謝いたします。

ハリー・K・ウォン
ローズマリー・T・ウォン

及び

サラ・F・ジョンダル　　　オレサ・ファーガソン
ステイシー・オルレッド　　ロビン・バーラーク　　　　ローラ・キャンドラー
ジェフ・グル　　　　　　　カレン・ロジャース　　　　チェロンダ・セロイヤー

　そして他の大勢の，すばらしい成果を上げている教師たちにも貢献していただきました。

著者陣
　全員が教師で，模範となる学級経営を行っています。

ハリー・K・ウォン　　　　　高等学校，カリフォルニア州
ローズマリー・T・ウォン　　小学校及び中学校，カリフォルニア州
サラ・F・ジョンダル　　　　小学校，カリフォルニア州
オレサ・ファーガソン　　　　高等学校，アーカンソー州
ステイシー・オルレッド　　　特別支援学級及び大学，インディアナ州
ロビン・バーラーク　　　　　特別支援学級，オハイオ州
ローラ・キャンドラー　　　　小学校，ノース・カロライナ州
ジェフ・グル　　　　　　　　中学校，ケンタッキー州
カレン・ロジャース　　　　　高等学校，カンザス州
チェロンダ・セロイヤー　　　高等学校，アラバマ州

あなたの人生で最も大切な
キャリアのために「準備」をする

事前の必読書

　本書『The Classroom Management Book』は『The First Days of School: How to be an effective teacher（『世界最高の学級経営：成果を上げる教師になるために』）を発展させたものです。学級経営は，成果を上げる教師の3つの特徴のうちの1つとなります。

　成果を上げる教師になるために，学級経営がどのように関係しているのか，そのことを理解するには，事前に**『世界最高の学級経営：成果を上げる教師になるために』を読ん**でいただかなくてはなりません。学級経営をテーマにした CHAPTER を特に丁寧に読んでいただきたい，と思います。

本書を最大限に生かすために

　20年間以上にわたり，何十万人という教師が『世界最高の学級経営：成果を上げる教師になるために』のコンセプトを取り入れて成功し，そのテクニックを私たちに共有してくれました。

　『The Classroom Management Book』はこうしたアイデアをまとめたものです。本書では，何をどのように行えばいいのかを細かく紹介し，あなたと子どもたちを成功へと導きます。

> 『The Classroom Management Book』の目的は，子どもたちが学びの達成を実現する，成果を上げる学級経営の手法をあなたに伝授することです。

本書は，教室での問題行動に対する「即効薬」ではありません。カオスと化した教室や組織立っていない教室を改善したり，教師の時間を子どもの学びの熟達のためにより有効に活用したりするためのものです。

　『The Classroom Management Book』は，以下のパートから成っています。

- ・プロローグ：学級経営の大切さについての背景
- ・準備：学級開き，及び日々の学級の準備
- ・手順：一貫性のある学びの環境をつくる50の手順の詳細

　全編を通して，一貫性を持って学級経営計画を実践している教師や校長，保護者，管理職のストーリーが散りばめられています。

CONTENTS 目次

献辞　001
序文：日本の先生方へ　002
子どもたちは静かに教室に入り，作業を始める　004
年度始めに，すべての準備が整っている　004
謝辞　005
あなたの人生で最も大切なキャリアのために「準備」をする　006

PROLOGUE　プロローグ：学級経営とは何か　011
成果を上げ，成功する教師　012
学級経営の定義　014
学級経営としつけの違い　017
成功のカギは一貫性　021
信じ合う環境の必要性　023

CHAPTER 1　準備：学級開きの前に　025
学校が始まる前の準備　026
学級経営計画の必要性　034
学級経営計画を作成する　037
学級経営計画を発表する　042
学級経営計画をパワーポイントでつくる　048
クラスの手順をどのように教えるか　055
学級開き，そして日々の授業をどのように始めるか　060

CHAPTER 2　学級開きを迎えるための手順　065
1　学級の始まりのルーティーン　066
2　計画表　069

3 始まりの課題　073
    4 出席を確認する　077
    5 授業を終える／下校する　081

CHAPTER 3　子どものための手順　087
    6 手紙や提出物を集める　088
    7 遅刻　091
    8 欠席フォルダー　094
    9 宿題の出し方　098
    10 提出物の頭書　102
    11 課題が終わらなかったら　105

CHAPTER 4　学級のための手順　109
    12 緊急事態のための準備　110
    13 子どもの注意を引く　115
    14 学級での仕事　118
    15 学級の電話が鳴る　122
    16 トイレ休憩　125
    17 鉛筆を削る（取り替える）　129
    18 机を整頓された状態に保つ　132
    19 プリントを集める／配る　135
    20 移動　140
    21 課題に取り組ませる　144
    22 課題が早く終わったら　147
    23 宿題未提出の届け出　150
    24 1日の終わりの言葉　154
    25 ガイドライン違反の通知　158
    26 朝の会　163

CHAPTER 5　指導のための手順　167
    27 クラスでの話合い　168

28　グループ学習　173
29　ノートをとる　179
30　教科書を読む　184
31　どこでも読書タイム　188
32　テストをする　191
33　子どもに採点させる　194
34　ソーシャルスキルを高める　197

CHAPTER 6　特別支援学級の手順　201

特別支援学級の手順　202
35　手を洗う　212
36　おやつの時間　215
37　教室外へ移動する　218
38　子どもの不安を解消する　222

CHAPTER 7　教師のための手順　227

39　転入生のためのオリエンテーション　228
40　怒りやすい子ども　232
41　子どもが亡くなったら　239
42　保護者が亡くなったら　243
43　臨時教員のためのハンドブック　246
44　教員助手　251
45　保護者のボランティア　254
46　教室参観　259
47　保護者面談　262
48　バック・トゥ・スクール・ナイト（学校・クラス説明会）　268
49　家庭と学校の連携　273
50　学級におけるIT　276

EPILOGUE　エピローグ：さあ，やってみよう　281

実行し，やり抜く　282

PROLOGUE
プロローグ
学級経営とは何か

成果を上げ，成功する教師

> 子どもが学びを達成するのに，最大の効果を発揮する
> 唯一のもの，それは成果を上げる教師である。

成果を上げる教師の研究

成果を上げるやり方を実践すれば，結果は出ます。トーマス・グッドとジェア・ブロフィーは30年以上も学級を観察し，教師が学びの達成のために使っているテクニックを見てきました。学年，教科，学校の多様性，学校の組織構造などは問わず，「教師」に注目しました。2人の著書『Looking in Classrooms』は30年以上にわたり版を重ねています。そこでは成果を上げる教師の特徴として，以下の3つを挙げています。

1　学級経営がすばらしい
2　子どもの学びを促す授業を行っている
3　子どもの成功に対する前向きな期待を持っている[1]

グッドとブロフィーの研究から30年後の2008年，ヴァージニア大学のロバート・ピアンタは1000校を観察した結果を公表しました。そして彼もまた，同じことを言っています。成果を上げる教師に欠かせない要素は，以下の3つだというのです。

1　組織的サポート
2　指導的サポート
3　感情的サポート[2]

1　Good, Thomas and Jere Brophy. (2007). *Looking in Classrooms*. Needham, Mass.: Allyn & Bacon, pp. 313-314.
2　Pianta, Robert. (2008). *Classroom Assessment Scoring Guide* (CLASS). "Neither Art nor Accident." Harvard Education Letter.

同じ年にUCLA（カリフォルニア大学ロサンゼルス校）のメンタルヘルス・センターは，リスクのある子どもたちの学びを妨げる3つの障害を公表しています。

1　マネジメントの要素
2　指導の要素
3　できるようにする要素[3]

研究者の文言に違いはあるかもしれませんが，強調している点は同じです。
①変化を起こすことができるのは教師です。成果を上げる教師が教え，成果を上げるやり方が実践されれば，それだけ子どもたちは学びます。
②学級経営は，子どもたちが熟達するのに不可欠です。

成果を上げる教師の3つの特徴

何十年間もの研究の結果，成果を上げる教師の特徴は特定され，定義付けられました。前著の『世界最高の学級経営』は，この3つの特徴について説明し，実践できるように書かれています。

1　**学級経営**
　➡教育や学びの場を整えるため，教師が実践する手順や手続き。
2　**授業を極める**
　➡教師がいかにうまく子どもを指導するか。それにより，子どもは授業の目標や指導基準まで知識や技術を理解し，習熟できる。
3　**前向きな期待**
　➡教師が信じていることが，実際に起こったり起こらなかったりする。これは子どもの達成や成功に影響する。

学級経営は，成果を上げ，成功する教室の基礎をつくります。学級経営が最高にうまくいっているとき，その存在は見えません。でもクラスに学級経

3　National Center for Mental Health, UCLA. (2008). *Framework for Systematic Transformation of Student and Learning Supports. An effective teacher is key for student success.*

営がないと、それははっきりと表れてくるのです。

結果を出すのは人

学校の質が、教師の質を上回ることはあり得ません。成果を上げる学校をつくるのは教師と校長であり、プログラムや流行の指導法ではありません。人が成果を上げるのです。

教師が成果を上げられれば、子どもたちは学びを達成します。ジョン・グッドラドは UCLA に在籍中、40年間にわたる教育の流行、プログラム、改革を調べた結果、どれひとつとして子どもの達成を改善したものはなかったと発表しています。彼の研究でわかったことは、以下のとおりです。

> **子どもの達成を高める唯一の要素は、成果を上げる教師の存在だ。**

学級経営の定義

学級経営には、手順がある。教師は、それを活用して
指導したり学びに最適な環境を整えたりする。

定　義

学級経営の研究による定義付けが行われたのは、40年以上前のことです。学級経営に関する主だった本の著者、キャロリン・エヴァートソン(『Classroom Management for Elementary Teachers and Classroom Management for Middle and High School Teachers』)、ロバート・マルザーノ(『Classroom Management That Works』)は、『世界最高の学級経営』で私たちがしたように、原点とも言えるその定義を引用しています。

> **学級経営には、手順があります。教師は、それを活用して指導したり学びに最適な環境を整えたりします。**

> ダニエル・L・デューク,『Classroom Management』の編集者
> （1978年「Yearbooks of the National Society for the Study of Education」より）

コウニンの研究

 学級経営の研究は，1970年のジェイコブ・コウニンが行ったものに遡ります。彼は49もの１年生と２年生のクラスを観察しました。その研究について，彼はこう要約しています。**よい学級経営は，教師の態度に基づいています。教師に何ができるかであり，子どもたちの態度ではありません。**

 そして，子どもたちが熱心に学び，問題行動が減り，指導時間を最大限とれるかどうかは，**教師の態度次第**だと結論付けています。

スタンフォードの研究

 テキサス大学のジュリー・P・スタンフォードは，1984年に成果を上げる学級と，成果を上げられない学級を観察し，その違いを記録しました。成果を上げる学級には，教室の手順がありました。子どもたちは教室に入るとすぐに席につき，黒板に書かれたその日の目標と課題を書き写し始めます。その間，教師は静かに事務作業を行っていました。

 成果を上げる教師は，子どもが発言するとき，話合いに参加するとき，席を立つとき，作業を確認したり，仕上げたものを提出したりするとき，作業が早く終わったとき，授業が終わるとき，すべてにおいて手順を決めていました。

 年度始めに，成果を上げる学級経営を行う教師は，教室の秩序立った手順，さらに子どもたちに期待することをはっきりと説明していました。その後数週間にわたり，手順と期待することについて復習し，繰り返し思い出させるようにしました。すべてのクラスで，教師はわかりやすいシンプルな指示を出し，作業から次の作業への移動が非常にうまくいっていました。

 活動の残り時間を子どもに伝え，移動する前にも知らせていました。次の活動を始める前に，教師は直前の活動を終えていました。さらに，授業が始まる前に作業に必要なものを伝え，準備をさせていました。ペア，あるいは

グループで学習をする場合は，どのように一緒に学習するかの手順がありました。

こうした教師の授業の進め方は，目的意識を持ち，ビジネスライクという点で，似通っていました。

スタンフォードの説明によると，対照的に成果を上げられない学級経営を行う教師には，手順がありませんでした。授業の始まりや終わり，グループ学習での話合い，教師に質問するとき，作業が終わったらどうするのか，こうしたことに対する手順がなかったのです。

作業から次の作業に移るときにも，スムーズにいきません。前の活動を終えないうちに，次の活動の指示を出しています。子どもたちが注目していない状態で指示を出し，子どもが時間の使い方を考えられるように，事前に作業の残り時間を知らせることも皆無です。

こうした教師は，手順を活用している様子が見られなかったのです。

成果を上げるよう，計画する

成果を上げる教師は，学級経営のやり方を知っていました。よい学級経営は，気付いたら実施されていたということはありません。成果を上げる教師が計画しているのです。

もし，あなたが学級経営をうまく行えていなければ，代わりに子どもたちが行っていることもあるでしょう。

成果を上げる教師は，知っています。子どもは，秩序のある組織立った環境の中で可能性を育むことで，物事を達成するのです。自信を付け，自己鍛

学びが捗る環境

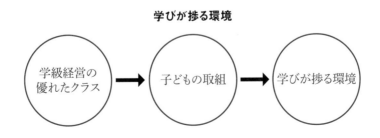

錬を積むことが大切です。成果を上げる教師の指導のもとで，学びが起こります。

　学級経営の目的は，子どもたちの取組を学びが捗る環境につなげることです。

　学級経営の優れたクラスでは，様々な活動が同時に行われます。子どもは活動し，教師の話を聞き，協力し合い，互いを尊重します。自己鍛錬をし，作業に集中します。すべての資料はきちんと揃っています。教室環境は作業がしやすいように配置されています。全体に穏やかでポジティブな雰囲気に満ちています。

手順が計画を形づくる

　学級経営の基本は，学びを目標通りに達成するための計画を形成していく，手順にあります。

　手順は，学びの達成の可能性を広げるために，必要な作業です。指導をうまく行うための基本でもあり，手順があれば子どもたちは学びを達成できます。学校生活で成功することが楽になり，前向きな学びの環境が生まれます。

　そしてあなたは毎日，笑顔で帰路につけるでしょう。

学級経営としつけの違い

学級経営としつけは違う。この2つは同義語ではない。

違い

　教育の中で，間違った使われ方をされることが一番多いのが「学級経営」という言葉です。教育者の多くは，誤った認識のもとに，学級経営をしつけと結び付けます。確かに，子どもの態度に関する問題は起こるもので，特に

学級経営計画がない場合は顕著です。

　学級経営は，成果を上げる教師の指導（教師が何をするか）と，成果を上げる子どもの学び（子どもが何をするか）にかかっています。

　学級経営としつけには，大きな違いがあります。しつけは，態度を管理することです。フレッド・ジョーンズは著書『Tools for Teaching』の中で，このことを「しつけの管理」と呼んでいます。

　しつけの問題を抱えているのなら，態度を管理することです。それは学級経営ではありません。

同じではない

　しつけは態度の管理で，前著『世界最高の学級経営』でも，その説明に1項を充てています。学級経営は秩序立てることで，2項をその説明に充てています。

　学級経営はしつけではありません。

　学級経営で大切なのは**秩序**と**一貫性**です。

しつけ	学級経営
・しつけは，**子どもの態度**に関すること。	・子どもがどのように**作業**を行うかに関すること。
・子どもの態度を管理するには，**ルールを用いる**。	・子どもが確実によく学び成功するために，**手順**を用いる。
・しつけの計画にはルールがある。	・学級経営には手順がある。

　教師の中で，クラスに問題を抱えている人がいるのは，こうした違いによるものかもしれません。教室内の態度の問題の80％以上は，しつけとは何の関係もありません。手順や決まったやり方がないことに関連しているのです。問題が起こったら対処する教師は，授業よりもそちらに時間をとられてしまいます。成果を上げる教師は，学級経営計画を立てることで，そもそもこうした問題が起こるのを未然に防いでいます。

学級経営は計画されるもの

　学級内の一番の問題は、しつけではありません。教室内の問題のほとんどは、**手順に関わるものです**。厳しくしつけを行うより、手順を見守り、修正するほうがはるかに簡単で、しかも効果的です。

　手順を教わっていないために子どもが何かをすると、誤って「態度の問題」だと非難されます。ですが子どもは、従うべき手順があって初めて自分の行動に責任を持てます。**学級経営で成果を上げる教師には、学級経営計画があり、手順を教えて子どもが従うべきルーティーンとしているのです。**

　しつけも必要ですが、学びにつながるものではありません。一時的に逸脱した態度をやめさせるだけです。ほとんどの場合、子どもに従うことを強要することになります。子どもに何かを進んで強要したいと思う教師はあまりいないものの、学級経営計画がないと、そういうやり方をとるのです。そして強要された子どもは、責任を持つ機会を失うことになります。手順によって子どもは責任を持つスキルを身に付け、それは学校生活のみならず今後の人生でも役立つものです。

　手順は教室を秩序立てせるため、その中で行わ

ルール
- ルールは人を管理するためのもの。
- ルールは必要だが、敵対関係を生むこともある。
- ルールが破られると、不都合な結果が生じる。
- 理想的には、ルールや方針はガイドラインであるべきだ。石に刻まれた格言のようなものではない。

しつけは子どもがどう振る舞うか。
手順は物事がどのようになされるか。
しつけにはペナルティーと褒美がある。
手順にはペナルティーや褒美はない。

しつけと学級経営の主な違い

しつけ	学級経営
受け身	イニシアティブをとる
問題行動に対応	生産性に対応
罰則などのネガティブな結果をもたらす	学びの時間が増えるなどの見返りがある
従順さを推進	責任感を推奨する
逸脱した態度をなくす	予想できる行動を生む

れる無数の活動は、ストレスなくスムーズに進みます。教師が何を期待しているかを子どもたちが把握しているほうが、成果を上げます。

スポーツチームには監督が、マンションには管理人がいます。お店には店主がいます。こうした人たちは皆、次のような責任を負っています。

> 1 組織を円滑に運営し、人や要素が1つの協力体制となるようにする。
> 2 結果を出す――試合に勝つ、サービスを提供する、あるいは利益を生む。

学級経営も同じです。

> 1 子どもたちを組織立て、クラスが1つの協力体制となるようにする。
> 2 結果を出す――子どもたちはよりよく学び、人生に役立つ有意義な技術や習慣を身に付ける。

新しいクラスを任された教師がまず成すべきことは、手順を確立し、学級経営をうまく行うことです。よい学級経営は、自然とできるものではありません。教師が、よい学級経営計画を立てなくてはならないのです。

1オンスの予防

ベンジャミン・フランクリンの言葉にこういうものがあります。「**1オンスの予防は1ポンドの治療に匹敵する**」。つまり、問題を未然に防ぐ計画をするほうが、問題が発生してから対処するより「よい」ということです。

「**介入**」という言葉は、教育の場で使われ過ぎています。教師が関わったり、仲裁したりすれば、介入だと言われます。介入は被害対策や小競り合いと似たようなものです。

手順を盛り込んだ学級経営計画があれば、危機を未然に防ぐことができ、問題が発生したときの介入も必要ありません。

きちんとした計画があれば、それは1オンスの予防になり、1ポンドの介入はいらなくなるのです。

成功のカギは一貫性

> 多くの子どもたちがつまずくのは，
> 何をすればいいのかわからないからだ。

学級経営が一貫性を生む

　成果を上げる教師は，予測可能で，信頼できる一貫性のある教室で，結果を出します。収益を上げる店，すばらしいサービスを提供する人，勝利するチームには一貫性があります。信頼でき，まわりは何を期待すればいいのかわかります。

　あなたには，お気に入りの美容師や店員はいないでしょうか。あるいはシリアルや歯磨き粉でお気に入りのものがあるかもしれませんね。どうしてでしょう？　それは，予測できて信頼できるからです。つまり，一貫性があるからです。あなたは期待した通りの結果を得られるのです。

　子どもたちも同じです。まだ幼い子どもや，リスクのある子どもは特にそうです。こうした子どもたちは信頼できる，予想できる，頼りになる教師を求めています。**成果を上げる教師は一貫性のお手本なのです。**

　「誰かが自分のことを見てくれている」「取り巻く環境に対して責任をとってくれる」という感覚を子どもは必要としています。制限を設定するだけではなく，それをきちんと維持してくれる人を求めています。**学校は，安全で守られた場でなくてはなりません。子どもたちが不安を感じることなく，安心して学べる場所であるべきなのです。**

　最も成果を上げられる教師は，皆を安心させ，それでいてクラスを完全にまとめています。それができるのは，子どもの学びと達成のためにクラスをどうまとめるべきか，あらかじめ計画しているからです。本書『The Classroom Management Book』の目的は，あなたがその計画を立てるために必要な知識を身に付ける手助けをすることです。

手順が一貫性を生み出す

　成果を上げる教室では，子どもたちの態度を改めさせたり，何かをさせたりするのに，叫び声や金切り声が響くことはありません。子どもたちは教室がどう運営されているのか，わかっています。教師が一貫した秩序を保っているからです。

　教室での一貫性は，行動や作業が繰り返されることで生まれます。つまり，手順です。一貫性があれば，子どもたちは何をすればよいのか，どう手順を実行すればよいのかを把握することができます。

　手順の一貫性がないと，何をするにも時間がかかり，時間が無駄になります。教室に入ってから出るまでに，手順が決まっているタスクが多いほど，指導や学びの時間が増えることになります。

　そのため，子どもたち自身が「手順は自分たちのためになる」ということを理解することが大切です。手順に従えば混乱は起こらず，先の予想ができるので子どもたちはクラスの作業に集中できます。気が散ることはありません。手順があれば，何を受け取り，何が起こるのかを子どもたちははっきりと把握することができます。成果を上げる教師は最初の数週間を使い，子どもたちが予測できる環境の中で，自分の行動をコントロールできるようにするのです。

　ノース・カロライナの教師，ステイシー・ヘネシーは手順を導入してからのクラスの様子を共有してくれました。

　「今までにないほど，私は笑顔でいるようです。子どもたちはすぐに，私は常に笑顔でいるものと期待するようになりました」。

　最初の数週間で成し遂げるべき，一番大切なことは一貫性の確立です。
　子どもたちは何よりも，先を見通すことのできる，手順のある安全な環境を望んでいるのです。

信じ合う環境の必要性

> 子どもは信頼できる人から学ぶ。

一貫性の確かさ

 あなたが学習内容を教えるよりも前に，**子どもたちはあなたのことを信頼しなければなりません**。人は信頼している人の車にしか乗りませんし，信頼している医者に手術をしてほしいと考え，信頼している店の商品を買います。こうしたサービスや商品は安心できます。意外なことは起こらず，毎回同じ結果を期待できます。つまり一貫性があるということです。保護者は，子どもが成果を上げる教師に教わっていることで信頼します。

 子どもたちも，意外なことが起こらない学校に通いたいと考えています。**つまり，きちんと確立された学びの環境を欲しているのです**。何を期待すればよいのかがわかり，その通りのことが毎日行われる場です。信頼は，一貫性の確かさから生まれます。

 1980年代の初め，ダグラス・ブルックスは教師たちの学級開きの様子を記録することで，信頼の概念を調べました。ビデオを見ると，学級開きで楽しい活動を行ったり，すぐに授業を始めたりした教師は，残りの1年間，子どもたちを追い回す結果になったことがわかりました。対照的に，子どもたちが成功するためにどうすればいいのか，教室内の秩序について説明する時間をとった教師は，その後は毎日，クラスが楽しくうまくいっていました。子どもたちは，何が行われるかがはっきりしているクラスを信頼していたということです。

耳を傾けることの価値

 ネイティブ・アメリカン，ネイティブ・アラスカン，アジア系の人，一部のラテン系の人など，民族によっては，待つことが文化の一部となっていま

す。両親や大人など，人の話を尊重して耳を傾けます。そのため，自分ばかり話し続けるような教師のクラスでは，あまり発言できないことがあります。

話に耳を傾けることは，最も効果的で，説得力のある戦略です。話を聞いてもらうことほど，信頼につながるものはありません。

一貫性が信頼を生む

　子どものお手本となるよう，一貫性を持ち，予測できる人でいましょう。

　子どもたちの多くは，家では予想外のことが起こったり，混乱した毎日を送ったりしています。疎外感や孤独を感じているかもしれません。そんなとき，学校では何よりみんなと同じように過ごしたいものです。安定，目的，人生の意義を求めています。そして安全で一貫性のあるクラスを提供してくれ，学び，成長，成功に導いてくれる教師を信頼します。

　信頼を得るには，子どもを成功に導く手助けをするのが一番です。そうした環境を提供することによって，子どもたちはより多くの学びを達成するということが研究でも報告されています。

　学級経営計画を子どもたちにどう伝えるか，これはあなたの教師としての能力が問われるところです。学級経営計画で，あなたは思いやりがあり，有能であるということが伝わります。すべての判断が子どもたちのために成されていると，信頼してもらえます。

　教えることは，あなたの仕事であり，責任です。子どもたちは学校に学ぶためにやってきます。教室で一貫性を確立することは，子どもの信頼，ひいてはどれだけ学びが達成されるかに直結するのです。

　本書『The Classroom Management Book』は，成果を上げる教師としてあなたが目的を達成し，予想を上回る結果を出すために生まれました。

CHAPTER 1
準備：学級開きの前に

学校が始まる前の準備

> *学級経営は，学級開きの前から始まっている。*

計画を立て，さらに計画を練る

　準備ができていることは大切です（たとえどんなに大変であっても）。スポーツチームは準備のために合宿を行い，俳優はリハーサルをし，学校では防災訓練を実施します。成果を上げる教師は計画を立て，さらに計画を練ります。

　準備には，やりすぎということはありません。**成果を上げる教師は，学級経営計画を子どもたちと共有します**。そうすれば子どもたちは自分たちの役割を認識し，責任を持って実行してくれます。学級経営において，**自分たちが大事な役割を果たしていることを理解する**のです。

　壁にペンキを塗ったことがあるなら，実際に塗る作業よりも準備のほうに時間がかかることをご存知でしょう。きちんと準備しておかないときれいな仕上がりにならず，やり直すことになります。新年度の始業ベルが鳴る前に，準備に時間を投資しましょう。そうすれば子どもたちはすぐに手順に従い，輝かしい１年のスタートを切ることができます。

　一貫性のある学校文化をつくり，全員が同じ意識を持つようにしましょう。教室での無駄がなくなり，指導に最大限の時間を使うことができます。

　アメリカン・フットボールのコーチは，試合にはプランをもってのぞみます。ゲームプランは，プレーブックにある一連のプレーから組み立てます。問題が起こってから慌ててプレーブックをめくって，「もしかしたらうまくいくかもしれないプレー」を探すようなことはしません。

いつ準備をするか

　１年間を成功させるための準備は，学級開きの前に行います。頭の中にある多くの業務を，リスト化し定義付けなくてはなりません。準備をしておけば，ストレスや不安は少なくなります。計画がないと，以下のようなこと

が起こりかねません。

> 1　毎日，時間が無駄になる
> 2　最初の数週間で教師は挫折を感じ，疲れ果てる
> 3　学級開きで何をすればいいのかわからない
> 4　子どもたちは混乱する

　病院に行ったら，待合室の床に雑誌が散らばっていたと想像してみてください。電球も切れています。電話が鳴り響いているのに，誰も対応していません。BGMには，同じ曲が延々と繰り返されています。受付担当者は携帯電話でおしゃべりをしていて，あなたが入っていっても，会釈さえありません。

　おそらく，あなたがその病院に足を踏み入れることは二度とないでしょう。あなたは，よい病院を選ぶことができるのですから。

　ですが，ほとんどの子どもは「選ぶこと」ができません。クラスを割り当てられ，あなたの準備ができていることを願うばかりです。

　「第一印象が一番長続きする」ということわざがあります。**始業日は1年で一番重要な日です。ぶっつけ本番ではいけません。**子どもたちに，あなたは準備ができていて，教室に入った瞬間に学びが始まることを期待しているということを伝えましょう。

学校が始まるまでの準備

　学級開きの前にどれだけ準備をしているかで，その後1年間の成果が左右されます。

1．学級経営計画を立てる

　成果を上げる教師は学級経営計画を立て，学校が始まる前に準備ができています。クラスが滞りなく運営されるよう，計画には教室での手順が盛り込まれています。手順は**説明し，練習し，強化する**ことで，ルーティーンとなります（P.55参照）。以下は，学級経営計画に盛り込む手順の例です。

CHAPTER 1

- ・教室への入り方（手順1：P.66）
- ・始業ベルが鳴ったら何をするか（手順3：P.73）
- ・宿題をどうするか（手順9：P.98）
- ・鉛筆の芯が折れたらどうするか（手順17：P.129）
- ・課題が早く終わったらどうするか（手順22：P.147）
- ・子どもたちを注目させるやり方（手順13：P.115）
- ・欠席した子どもの資料の受け取り方（手順8：P.94）
- ・用紙の集め方（手順19：P.135）
- ・個人の電子機器をどうするか（手順50：P.276）
- ・教室の退出の仕方（手順5：P.81）

　学校が始まる前に，子どもたちに学級経営計画をどう共有するかも考えておきましょう。

2．教室の秩序を保つ計画

　学級経営がうまくいっていれば，規律の問題は最小限に抑えられます。ですが成果を上げる教師はイニシアティブをとり，教室で問題行動が起こらないよう，あらかじめ予防策を考えます。秩序を保つ計画には，以下のような内容が含まれます。

― 子どもが従うべきクラスのルール ―
　クラスのルールは，子どもの問題行動を抑制します。ルールは短く，シンプルで子どもが覚えやすいものにします。教室に目立つように貼り出し，みんなが見えるようにしましょう。ルールには，ネガティブ，あるいはポジティブな結果がついてきます。

― 報酬として子どもが目指すもの ―
　よい結果自体が報酬です。クラス全体やそれぞれの子どもに対する報酬は，一生懸命取り組むための動機付けになります。

― ルールを破ったときのペナルティー ―
　ネガティブな結果がペナルティーです。ペナルティーは，明確でシンプルにします。また，教師が首尾一貫して実行しやすいものにします。

3．子どもたち全員に対して前向きな期待を持つ

　教師が子どもたち全員に対して前向きな期待を持ち，目標の達成に向けてサポートをすれば，そのクラスの子供たちは，高いレベルで学びを達成する確率が上がることが研究でわかっています。

　あまり期待をしない教師のもとでは，子どもたちは多くの学びを達成しません。そして，教師も不満を抱え込むことになります。

　子どもたちに前向きな期待を持つ教師は，子どもにがっかりさせられることはまずありません。子どもたちは明確な目標を持ち，教師の期待に応えます。**子どもたちに対する期待を書き出し，みんなが見えるところに貼り出しましょう。**子どもたちがあなたに期待できることも書きましょう。

　教師の子どもへの期待は，その子がクラスで，そして究極的には人生で何を成し遂げるかに大きく影響するのです。

> ■**子どもたちが教師に期待できること**
> ・質のいい指導を提供すること
> ・特別な手助けをすること
> ・前向きな学びの環境をつくること
> ・練習を評価すること
> ・学びの結果を公正に評価すること
> ・みんなを尊重すること
> ・公平であること
> ・毎日，ベストを尽くすこと

> ■**教師が子どもたちに期待すること**
> ・時間を守ること
> ・学ぶ準備ができている状態でクラスに来ること
> ・必要な教科書や教材をすべて持ってくること
> ・課題はすべてきちんと仕上げること
> ・確立されているクラスの手順を守ること
> ・教室に貼り出されているルールを守ること
> ・いつも前向きでいること
> ・注意深く話を聞くこと
> ・毎日ベストを尽くすこと

4．子どもたちを教室に迎え入れる計画を立てる

　学校が始まる前に学級名簿が手に入るようなら，子どもたち，そして保護者に個別に手紙を準備しましょう。1年間を成功に導くために，あなたがきちんと準備を終えていることを知らせるのです。

子どもへの手紙には，初日に持ってくるもののリストを入れます。初日に，そして最初の数週間でどのようなことを学ぶのかを説明します。

保護者への手紙では，学年が始まる前に，あなたが時間をかけて準備をしてきたことを伝えましょう。次の情報を入れるようにします。

☑ １年間の見通し
☑ 計画した期間
☑ あなたの連絡先
☑ 学校の連絡先
☑ クラスのウェブサイト・アドレス

保護者にこれからの楽しい１年間について知ってもらい，オープン・ハウスに招待しましょう。

初日に，子どもたちを教室に迎え入れる計画を立てます。

・名前，教室の番号，教科を貼り出しておきます
・ドアの前に立ち，笑顔で子どもたちに挨拶します
・子どもが正しい教室に来ているか，情報を確認します
・自己紹介をして，教室が合っていることを伝えます

５．学級開きの筋書きを用意する

学級開きの日に話すことを，あらかじめ考えておきましょう。クラスが始まった瞬間に伝えるべきことを，準備しておきます。

■筋書きに入れること
・あなたの名前と発音の仕方
・子どもたちにどう呼んでもらうか
・プロとしての経験
・これからの１年間の準備を事前にしてきたこと
・教室がどのように整えられているか
・全員を成功に導くクラスの手順

6．学級開きセットを準備する

子どもたちに，家に持ち帰って保護者に見てもらう「学級開きセット」を渡します。オープン・ハウスに参加できなかった保護者にも役立ちます。

> ■「学級開きセット」に入れるもの
> ・紹介を兼ねたカバーレター
> ・クラスのルールと結果
> ・宿題の決まり
> ・クラスの連絡先リスト
> ・支給品のリスト
> ・内容確認のサインをもらい，戻してもらう用紙
> サインをもらった用紙は，保護者面談用に保管しておきます。

7．学級開きの計画を立てる

学校が始まってから，最初の10日間の計画を立てましょう。ここでのクラスの時間は，残りの1年間とは異なります。

最初の2週間で注力すべきことは，手順を教え，それをクラスのルーティーンとして定着させることです。そうすれば，残りの1年間は，指導に集中できます。もちろん，カリキュラムに沿った指導もあるでしょうが，**手順を教え，定着させることを第一に考えましょう。**

授業中は子どもたちが学べるよう，活動を多めに用意します。教室での時間は，すべてが貴重なものです。

> ■最初の10日間の計画に含まれるべきもの
> ・学級経営計画の説明と話合い
> ・クラスの手順の説明，練習，強化
> ・関連した授業や活動

8．計画表を準備する

　計画表は，その日1日の予定です。子どもたちと過ごす中で，何が起こるかを書いておきましょう。常に子どもたちが，何を学ぶのかをわかるようにします。**計画表には，基本的にスケジュール，始まりの課題，授業の目的を書き入れるようにします**（手順2：P.69参照）。日付，宿題，大事な連絡事項や注意事項などを含める例も多くあります。

　教室内に専用の場所を決め，そこに毎日計画表を貼り出すようにします。そうすれば，子どもたちはいつでも，そこを見れば何をするのかがわかります。

9．「始まりの課題」を準備する

　学級開きには，短く，簡単に完成できる「**始まりの課題**」を準備します。子どもたちが教室に入るときに手渡しするか，計画表に書き入れて貼り出しておきます。そうすれば，教室に入った瞬間に学びが始まることになります。学級開きでの「始まりの課題」があれば，以下のことが伝わります。

- 教師は準備万端で，きちんとしている
- 教室に入ったらすぐに作業をすることを期待されている
- クラスの時間すべてが学びの機会だ
- これから1年，「始まりの課題」がある

10．教室を整える

　学校が始まる前に，学びが捗るように教室を準備しましょう。

準備1　子どもたち全員が前を向き，あなたのことがはっきりと見えるように机を配置します。教室の出入りがスムーズにでき，机の列の間も通りやすいよう，十分にスペースをとります。

準備2　掲示板を準備します。1つは子どもたちの作品を貼り出すためのものです。もう1つは，カリキュラムのテーマ（時間割），ユニット，学

年のレベル水準を掲示するものを用意します。こうした掲示は，動機付けにもなります。掲示はカラフルにしますが，ゴテゴテしすぎて内容がよくわからないようではいけません。

準備3 教室に大切な情報を貼り出します。

- ☑ 手順
- ☑ ルール
- ☑ 期待
- ☑ 緊急の場合の情報
- ☑ 非常口
- ☑ ベル・スケジュール

準備4 初日に席順を指定します。

学級開きには，詳細な計画を持ってのぞみましょう。ときどき計画を参照し，予定通りに進行しているかを確認します。あなたが子どもたちのために準備をしておけば，子どもたちも準備ができていることになります。あなたと子どもたちは一緒に，輝かしい1年を過ごすことができるでしょう。

シセトン・ミドルスクールでは，始まりの課題を**ベル課題**と呼んでいます。すべての教室に，授業が始まる前にベル課題が貼り出されています。

ベル課題

■何時間，何分？
1　2:18pm から 9:09pm
2　8:42am から 4:15pm

■適切な単位は？
3　フェンスの高さ
4　ラブラドールの子犬の重さ
5　プールの水の量

■単位を変換する（p.292）
6　5フィート＝□インチ
7　3トン＝□ポンド
8　14パイント＝□クォート
9　18フィート＝□ヤード

コンピュータ・クラスの ベル課題

1　席を確保する
2　教科書を横に置く
3　コンピュータにログインする（日によって時間がかかることがあります）
4　始業ベルが鳴るまでに準備を終える
5　静かに席についたまま，指示を待つ

CHAPTER 1

学級経営計画の必要性

> 学級経営計画があれば，安全で前向きな一貫性のある環境が生まれ，指導と学びが確実に実施される。

目的意識

　学級経営計画は，教室に目的意識をもたらします。あなたが成功するため，一貫性があり，高いレベルでの学びを生み出す手助けをしてくれます。子どもたちにとってあなたは頼りになる存在となり，いい関係が築けるでしょう。

　子どもたちは日常において，予想外のことが起こる不安定で，混乱に満ちた生活を送っていることが少なくありません。子どもたちは，何が行われるのかを，はっきりと知っておきたいのです。意外なことや，秩序立っていないことは嫌がります。
　学びを達成できない原因は，「何をすればいいのかわからないから」であることが多いのです。子どもたちは，安全で予想できるような教育の場を求めています。学級経営がうまくいっているクラスを子どもたちが好ましく思うのは，怒鳴られることがなく，次に何がどう行われるかがわかり，学ぶことができるからです。

　もし，あなたが学級経営計画を立てていなければ，代わりに子どもたちが勝手に計画を立て始めてしまいます。成果を上げる教師は，最初の2週間を使って子どもたちが自分の行動をコントロールできるようにします。学級経営計画を立て，1年を通じて取り組んでいくのです。

まずは計画から

　成果を上げる教師は，1年を，そして毎日を学級経営計画で始めます。**学級経営計画は，本書にある手順，テクニック，戦略，ソリューションから**

つくることができます。ぜひ取り入れて，あなたの学級経営計画に役立ててください。

　きちんと秩序立っていないクラスは，あっという間に混乱に陥り，安全でなくなってしまいます。前向きな雰囲気もありません。子どもたちは，心の中でクラスに見切りをつけます。そうすると，問題行動を起こすようになり，本人や他の子供たち，教師もトラブルに巻き込まれてしまいます。
　学級経営がうまく行われていると，全員のストレスが減ります。学級経営がうまくいっているクラスの背後に，努力や準備があることに気付くことはあまりありません。計画は目に見えず，雰囲気は穏やかで，目的意識のある学びが行われます。これが成果を上げる教師の教室なのです。本書を読めば，あなたも必ず実現できるものなのです。

子どもたちは手順を受け入れ，求めている

　成果を上げる教師の学級経営計画は，手順であふれています。行動を達成する手段です。子どもたちにしてほしいことがあれば，そのために手順がなくてはなりません。たとえば出席を確認する，用紙を受け渡す，順番に話す，作業から別の作業へ移るときなどの手順です。手順がなければ，学びに使われるはずの貴重な時間は，こうした作業をこなすのに無駄に費やされてしまいます。

　大切なのは，子どもたちが「クラスの手順は自分たちの得になる」と理解することです。混乱することもありませんし，先の予想ができ，学びに集中できます。むやみに気が散ることはありません。
　責任を持って取り組むべき手順がなければ，子どもたちに責任感を育むことはできないのです。

　子どもたちは手順を受け入れます。事例をもとに，どういうものかを述べていきます。

CHAPTER 1

> 事例

子どもたちは，密かに手順を求めている

　クリスティ・ミッチェルとグレース・アン・コバーンはノース・アラバマ州立大学でグレッグ・リズナーに学級経営を教わり，授業の一環として学級経営計画をつくっていたので，新任教師として順調なスタートを切ることができました。最初の仕事のオファーに対して準備ができていたのです。

　２人の学級経営計画は手順，手順，さらに手順から成っていました。すべてに対して手順をつくったのです。手順を貼り出すこともしました。やってみせ，練習しました。そうすると，あとはすべて自然とうまくまわるようになったのです。「子どもたちは何を期待されているか，最初から最後までわかっていました。密かに手順を求めていたのです」と言います。

　子どもたちの多くは，家庭や生活の状況などで大変な思いをしています。秩序のない，混乱した生活だからこそ，組織立った秩序ある教室を求めます。計画を立てれば，子どもたちがクラスの時間を有意義に使う手助けができます。効率のよい学びが行われ，教師は自分の役割を果たすことができます。学びを進める手助けです。

　家を正確に建てるためには，設計図を確認します。会議では流れがわかるよう，スケジュールを見ます。ある地点から別の地点に安全に移動するには，地図を参照します。

　==学級開きには学級経営計画を準備し，１年間の成功を順調にスタートさせましょう。==

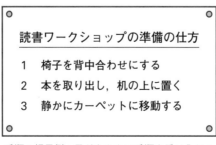

手順の掲示例：子どもたちは手順を受け入れる

学級経営計画を作成する

形式はどんなものでも構わないので，計画を立てること。

手順を計画する

　学級経営計画は，教師が成果を上げる環境を維持するための手順や手続きから成っています。「教室の運営マニュアル」とも言えるでしょう。教室を運営するための段階的なガイドです。

　学級経営計画は，必要に応じて変更を加えていきます。教室での状況に応じて，計画も拡大していくでしょう。成果を上げる教師はファッション・デザイナー，グラフィック・アーティスト，エンジニアのようなものです。彼らは自分のデザインに常に微調整を加え，新たな顧客や観衆を魅了します。新たな子どもたちの前に立つ度に，あなたは学級経営計画に微調整を加え，子どもたちに成功のチャンスを広げていきます。

　ある研究によると，アメリカでは新任教師の16％が1年未満で仕事を辞めてしまい，さらに5年以上続く教師は50％しかいないそうです。それでも成果を上げる教師は，毎年教え続けます。学級経営計画を立て，微調整を加え，教師と子どもたち双方に成功をもたらしているのです。

*　　　　　毎日，仕事を計画し，計画を実行すること。*
*　　　　それから計画を必要に応じて微調整すること。*
*　　　　　　　　　　　　毎日，毎年，ずっと。*

自問すべき質問

　思い描き，自問しましょう。

「前向きな学びの環境を生み出すのに，私は何を必要としているのだろう？」と。

　次のような自問の仕方はよくありません。「どのテクノロジーを使おう？」「どのプログラムを採用しよう？」「どの教育理論や哲学を取り入れるべきだ

CHAPTER 1

ろうか？」。

代わりにこういう質問にしましょう。

> Question 1 「どういう学級経営計画を立てれば，子どもたちが学ぶために，安全で秩序ある，生産的な環境をつくれるだろう？」
> Question 2 「私が教え，子どもたちが学ぶために，子どもたちは何をしてほしいのだろう？」

質問の答えが，あなたの学級経営計画の核となります。

繰り返しになりますが，学級経営はしつけとは違います。教師が指導し，子どもが学び達成できるよう，クラスを組織立てることが大切なのです。

学級経営計画は，教師によって様々です。ですがうまくいく学級があるのは，成果を上げる教師が，そういうクラスをつくろうと思い描いたからに他なりません。彼らは，前向きな学びの環境が生まれる条件を知り，子どもを成功に導くべく，計画を立てているのです。

事例
ミドルスクールの計画

カンザス州にあるエルドレード・ミドルスクールのスペイン出身の教師，キャシー・テレルは次のように言います。

「始業ベルが鳴る前，私のクラスの子どもたちは静かに席について，作業をしています。新年度に当たって一番いいのは，細かい計画と筋書きを準備しておくことだとわかりました。初日に何を言うか，何をするかを書いておくのです。子どもたちは私のクラスが大好きです。それは私が手順，ガイドライン，活動を駆使して，より効果的に教えるアプローチをとっているからです」。

キャシー・テレルの初日の計画

授業が始まる前：ドアの前
・ドアの前で子ども1人1人を出迎える。
・それぞれに座席の指示が書かれたグリーティング・カードを手渡す。
・子どもたちに黒板にある指示を読んで，その通りにするように伝える。
・それぞれのファイルがどこに置かれているのかを示す。
・自分のファイルにしまう指示を入れた配付資料と，「始まりの課題」をスクリーンに映す。

授業を始め，子どもたちを歓迎する
・パワーポイントのプレゼンテーションで学級経営計画を説明する。
・スライドのグラフィックなどから，自分の持ち味を子どもに想像してもらう。
・私と共通するところがある人はいるか，子どもたちに尋ねる。
・教えることが大好きだという話をする。
・クラスのガイドラインについて話す。
・教室への入り方の手順を説明し（その日子どもたちがすでに行った通り），この手順を強化するポスターを掲示する。
・ベル課題を行う際のポイントについて説明し，スタンプシートの例を見せる。
・学校全体の秩序を保つ計画について話し，ルールのリストを書いたポスターを掲示する。
・子どもの写真を撮り，「ぼく／私について」という用紙に貼り，顔や名前，その他子どものよさや特徴について知るためのものだということを説明する。
・退出の時間になったら，その前に退出の手順について説明して実践する。

CHAPTER 1

　キャシーの学級開きの計画は，学級経営計画のほんの一部です。きちんと指導の準備をしておき，子どもたちに計画を説明することで，1年を通じて貴重な指導の時間を確保できます。

　事例
他の教師に計画の立て方を教える
　テキサス州，ジョシュアのダイアン・グリーンハウスは2005年に学級経営計画を立てて，初めての学級開きを行いました。その年の終わりに彼女は次のように言っています。

　「すばらしい1年でした。振り返ってみると，最初の1年でこれだけのことを成し遂げられたなんて，言葉も出てこないほどです。子どもたちはよく学び，私は教えるのがずっと楽しくて仕方ありませんでした。すべて，最初に計画を立てたおかげです」。

　教え始めて4年目に，彼女は地域の新任教師全員のための学級経営ワークショップを受け持つよう要請されました。**そして教師になって5年目で，教頭に指名されています**。ダイアナは今でも地域の学級経営ワークショップで教えていて，新任教師にキャリアの最初から成功できる方法を伝授しています。

学級開きの準備

・ファイルを準備し，並べ，飾りつけをする
・王族をお迎えするような気分で！
・すべてのモノに置き場所を決めておく
・お手本を見せることで，子どもたちに準備の大切さを教える
・学級開きの筋書きを用意

教師が成果を上げられるかどうかは，準備次第

学級開きの筋書きをつくる

・子どもたちは7:20に到着し始める
・机の上に活動内容を置く
・名前の札
・「クリップボード」に子どものリスト
・放課後の子どものお迎えについて保護者に確認する用紙を準備しておき，記入してもらう
　例：
　　　　　　　お子さんの帰宅方法

名前	子どものお迎え	保護者
デイケア	バス番号	集団で？

ダイアナがワークショップで使っている28のスライドのうち，いくつかをご紹介します（下図参照）。

最初の2週間で教師が優先すべきは，学級経営がうまくいっている教室をつくりあげることです。それを実現するには，教室で物事がどう行われるかの手順を確立します。

こうした手順は時間が経つにつれ，自然と行われるルーティーンになります。すると，一貫性のあるクラスの文化が確立されていくのです。ちょうど自転車に乗るのと同じです。最初は誰かに教わりますが，一度乗れるようになってしまえば，何も考えずにひょいと飛び乗ってどこへでも出かけられるようになります。

子どもたちは，あなたが計画した一貫性に応えてくれます。教えた手順はルーティーンになります。習慣となり，スムーズに行うようになっていきます。たとえあなたが教室にいなくても，子どもたちはみんな何をすればいいのかわかりますし，ルーティーンを行うでしょう。学級経営計画があると，いいことばかりなのです。

手順を確立する
・最初の2，3週間が重要
・最初の1週間でクラスの手順を紹介
・期待を伝える
・一貫性を生む手順を採用
・手順用にパワーポイントのプレゼンテーションを準備
・子どもたちに手順のロールプレーをしてもらう
・必要に応じて練習

重要なポイント
・学級開きの筋書きを準備
・始業式を祝い，子どもたちを歓迎し，名前を覚える
・一貫性を生み出す手順を確立
・期待を伝える
・あなたは，学校の最高の財産！

CHAPTER 1

学級経営計画を発表する

学級開きは，1年の中であなたにとって一番大切な日。
子どもに計画を伝え，1年間何を期待すればいいのかを知らせること。

計画を発表する

　さて，1年間を成功させる手順や手続きのアイデアがつまった計画ができました。いよいよ，計画を実行に移すときです。計画を発表するには，様々な方法があります。**計画の発表のやり方で，子どもに理解させる指導力が問われます。**

　受け持つ子どもたちが幼い場合は，読み聞かせをする形で計画を伝えるのがいいかもしれません。読むことができる年齢なら，教師の多くは手順を書いた紙を配り，子どもたちがそれを見ながら説明を受けられるようにします。以下の3つのことを行う教師が増えています。

- ・視覚的なプレゼンテーションで計画を紹介する
- ・子ども1人1人に計画が書かれた紙を渡す
- ・教室に手順を貼り出す

　どのように子どもたちに計画を発表するのがベストなのか，あなたのクラスの実態に応じて決めていきましょう。
　事前に計画を発表する練習をして，計画がうまくいくと自信を持って子どもたちに伝えられるようにします。書いたことをきちんと理解し，説明の仕方も考えましょう。よくわからなかった，はっきりしないところがあるなどの質問を想定し，答えられるようにしておきます。入念に準備をすれば，その場しのぎではなく，自信を持って仕事をしていると受け止められます。
　教師が自信を持つことで，子どもたちはあなたが成功に向けて計画があり，教える準備ができていると考えるでしょう。

> 事例

手順を口頭で教える

　幼い子どもや，特別な教育環境など，クラスによっては口頭で手順を伝えたほうがいい場合があります。バーニー・アリドーはフロリダ州，ペンサコーラの幼稚園の教師です。彼は「お手本の変形」と自ら名付けた手法を使って手順を教えています。子どもに手順を伝えるだけではなく，**まずは間違ったやり方を大げさに演じてみせるのです。**

口頭で手順を伝える

　たとえばトイレに行きたいときの手順は，2本の指を上げることです。これを教えるために，まずは飛び跳ねて両手を振って叫んでみせます。「トイレに行かせてください！」「お手洗いに行かせてください！」と大げさに繰り返します。ここで子どもたちは笑い出します。

　「次にもっといいやり方ができる人？」と聞きます。大抵1人は，手を挙げるという提案をするので，バーニーはそれを受けて2本の指だけを挙げるという合図を教えるのです。

　バーニーはこのやり方でクラスの手順を教えることに1日のほとんどを費やします。もちろん，子どもたちがすべての手順を覚えるのに1日では足りません。1つ1つの手順を毎日繰り返すということを，最初の1週間かけて行います。週の終わりには，何をいつ，どのようにすればいいのかを，ほとんどの子どもが身に付けています。また，手順に従うことで気持ちよく過ごすことができ，きちんと学べるということを理解するのです。

CHAPTER 1

事例

手順を机に貼る

　テキサス州，ケイティのアリシア・ブランケンシップは，手順のいくつかを子どもの机に貼り付けます。子どもたちが最初に教室に入ってくると，それがガイドになります。新年度になるとすぐに，アリシアは子どもたちに手順を教えます。そしてルーティーンとなり，促したり，思い出させたりしなくてもできるようになるまで強化します。

　手順の1つとして，**アリシアは封筒に入れた「ヘルプ（助けて）」カードをそれぞれに用意しています**。彼女の手助けが必要なとき，子どもはカードを封筒から取り出しておき，そのまま作業を続けます。**大事なのは，子どもに作業を続けさせることです**。

　手が振り回されることも，助けを求めて声が上がることもありません。子どもたちは作業を続けます。教師が手助けのために席に行くと，ヘルプカードは封筒に戻されます。手助けは1対1の対応で済み，クラス全体の注意を逸らすことはありません。

　ヘルプカードの横に，アリシアはクラスで大切な手順のいくつかを置いています。毎日目に触れるよう，どのクラスでも机に置いています。

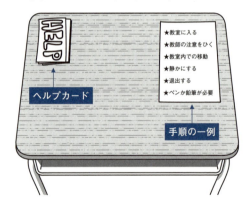

　こうした手順の下に，提出用紙の冒頭の記入例があります。また文章を書くときによく使う用語の綴りを確認できるよう，リストにして提示しています。教室を移動しなければいけない場合，学級経営計画をラミネート加工しておくのもいいでしょう。そうすれば，子どもが教室に入るときに1枚ずつとって，自分の机に置くことができます。そして授業が終わったら，決められた場所に返却するようにします。

準備：学級開きの前に

> 事例

手順を机に置く

　インディアナ州，ホバートのスー・モーアはクラスの手順を思い出させるのに絵を使っています。手順を思い出させる言葉と絵をセットにしたものを，アクリルのスタンドに入れ，子どもの机や教室内の目につくところに置いています。

　スーが教室に置いている手順の例は，次のようなものです。

手を洗う手順
1．水を出す。
2．ソープを1回出す。
3．手を洗い，水で流す。
4．ペーパータオルを出すボタンを2回押す。
5．水を止め，ペーパータオルをゴミ箱に捨てる。

カフェテリアの手順
1．静かな声で話す。
2．テーブルはきれいに使う。
3．席を立たない。
4．手助けが必要な場合は手を挙げる。

鉛筆削りの手順
1．鉛筆を鉛筆削りに入れる。
2．5まで数える。
3．席に戻る。

朝の手順
1．教室に入る。
2．ランチの確認手順に従う。
3．メールボックスにファイルを入れる。
4．友達2人に「おはよう」と言う。
5．静かに自分の席につく。
6．作業を始める。

鉛筆を取り替える手順
1．芯が丸くなった鉛筆1本を白いカゴに入れる。
2．緑のカゴから芯の削られた鉛筆を1本取る。
3．自分の席に戻る。

CHAPTER 1

> 事例

手順の示し方

1　手順を紙に書く

　ヴァージニア州，ヨークタウンの教師ジャネット・ワインバーグは，個別の手順を書いた紙を丸めて棚にしまっておき，必要に応じて取り出すやり方をしていました。改めて教えたり，思い出させたりするときです。

2　手順を壁に貼り出す

　教師によっては，毎日子どもたちの目に触れるよう，大事な手順を壁や掲示板に貼り出します。必要に応じて，その場所を示すことで子どもたちは何をすればいいのかがわかります。

3　手順を歌にする

　アレックス・カジタニは成果を上げる数学の教師です。彼は数学の概念を教えるのに，ラップを使っています。

　「数学ラップ」は子どもたちにとって数学を「かっこいい」ものに変えました。子どもたちがラップに親しんでいるので「ルーティーン・リズム」という歌もつくり，手順もラップにのせて教えています。

　この「ルーティーン・リズム」でクラスの生産性が劇的に上がりました。手順を守っていない子どもがいると，別の子が「ルーティーン・リズム」の一節を歌って正しいやり方を教えるのです。歌で子どもたちは自らの行いを正すようになり，アレックスが学級経営にかける時間が減りました。

　ある日教室に入ると，1人の子どもがこう言っているのが聞こえてきました。「このクラス，本当に毎日同じことをするよね」。アレックスは満足して微笑み，このクラスでは手順が定着したことを確認しました。子どもたちにとって，すっかりルーティーンになったのです。

4　手順をパワーポイントで示す

　サラ・ジョンダルはパワーポイントのプレゼンテーションで学級経営計画を説明します。サラは，手を挙げた子どもたちにお手本を示してもらいなが

らプレゼンテーションを進めます。こうすることで，子どもたちは１つ１つの手順がどういうものか目と耳で確認することができます。

　手順を強化するために，それぞれの手順を要約し，その短い抜粋を「謳い文句」と呼んでいます。そして束にして３つの穴を空け，子どもたちがファイルに綴じられるようにしました。学校が始まって最初の１週間，サラのクラスの子どもたちは手順を行う前にファイルを見て，確認するのです。

5　外に並ぶ

　学校が始まる前，休み時間や昼食が終わった後など，外に並ぶときには，お互いを尊重するようにします。ふざけたり，押したり，列から離れるようなことはしません。

6　ベル作業

　毎朝，子どもたちは決められたカゴに「星」を入れて出席を示した後，席について静かにベル作業を行います。各自，静かに行います。その間教師は，出席確認や保護者からの手紙の確認などの事務作業を行います。

　手順を読み上げ，話し合い，「やること」「やってはいけないこと」の例を見せることで，サラのクラスの子どもたちは内容を徹底的に理解します。サラが１年間どのようにクラスを運営していきたいかも子どもに伝わります。

> 事例

成果を上げる教師は，工夫する

　ヴァージニア州の体育教師たちは，教室での授業は行いません。掲示板，展示をする壁もなければラップやプレゼンテーションも得意ではありません。それでも創造力はあり，子どもたちに手順を覚えさせることが重要であると理解しています。**そこで，フリップチャートに手順を書き，体育館の床に立てることにしました。**子どもたちが授業にやってくると，歓迎の言葉，体育着に着替え，「歩き出す」というメッセージが目に入ります。

　成果を上げる教師は，他の教師の計画や手順をそのまま使うということはしません。**彼らは考える人です。工夫し，自らの成功を生み出すのです。**

CHAPTER 1

学級経営計画をパワーポイントでつくる

発表するのは教師だ。パワーポイントのスライドではない。

パワーポイントはコミュニケーションを助ける

　パワーポイントは教師がよく使うソフトウェア・プログラムで，指導内容を視覚的に見せるのに役立ちます。パワーポイントのファイルは文章，絵，動画，アニメーション，音声といったものを含むスライドで構成されます。ディスプレイ・システムを用いてスライド・ショーの形式で見せます。スライドが進むにつれ，情報が明らかになっていきます。

　プレゼンテーションは，シンプルなものにし，あなたが子どもたちに学んでほしいことに沿った内容にしましょう。効果的なスライドは，あなたのプレゼンテーションを補強します。子どもたちはスライドを読むか，あなたの話に耳を傾けるかします。同時にはできません。スライドに文字が多すぎたり図が複雑すぎたりすると，子どもは混乱してあなたの話に集中できません。

　文字が多すぎるスライドの場合，あなたが文章を読み上げるかもしれません。ですが，スライドの文字をそのまま読み上げるのは，基本的におすすめしません。文字が多いと，読むのも単調になってきますし，そうすると子どもたちは集中して聞かなくなります。スライドはあなたの話を補強するのに使いましょう。子どもが意識を向ける対象は，常にあなたであるべきです。スライドは教師ではありません。教師はあなたなのです。

余分なものを減らす

　オーバーヘッド・プロジェクターが流行ったときのことを覚えているでしょうか？　教師はタイプした用紙をそのままスクリーンに映し出していました。残念ながら，その手法をそのまま今日のパワーポイント・プレゼンテーションに応用している人が多くいます。スライドに文字がぎっしりと詰まっていて，隙間がほとんどないのです。

現代の子どもたちは，**文字ベースの世界に生きていません**。映像を期待します。文字を読むためにテレビをつける人はいません。パワーポイントのスライドも，文字主体のページではなく，視覚媒体として捉えましょう。

スライドに文字を詰め込んだり，注意が逸れるような絵を入れたりするのは避けましょう。

> (Point)
> 1．直ちに要点に入ります
> 2．重要な箇所は，なんらかの方法で目立つようにします
> 3．シンプルにしましょう

よいスライドの特徴

よいパワーポイントのスライドには，以下の特徴があります。

> 1．文字は最小限にとどめられている
> 2．絵はメッセージを伝えるために使われている
> 3．文字と絵の組み合わせが，あなたの口頭でのメッセージを補強している

スライドに文字を詰め込み過ぎてしまうと，**本来の目的である視覚的な効果が薄れてしまいます**。スライドに長文を表示すると，子どもはあなたの話を聞かずに，先を読もうとします。あなたも文章を読み上げがちで，そうなると子どもたちに背中を向けることになります。あなたは，クラスの子どもたちとのつながりを持つ機会を失ってしまうのです。

もし，子どもに向けて文章を読み上げることが目的なら，**スライドはやめて紙で配付しましょう**。スライドに消化できないほどの情報を入れてしまうと，それはもはやスライドとは言えません。書類と言ったほうがいいでしょう。書類を印刷して子どもに配ったほうが，理解できないスライドにするより，はるかに効果的です。

CHAPTER 1

使う言葉の数

　使う言葉は，できるだけ少なくします。**1つの単語やフレーズで十分なこともあります。**

　視覚的な説明のために，写真を使うことも検討しましょう。たとえば「座る」というスライドは，教室での手順を教えるのに有効に使えます。

　スライドをつくるときには，文字フォントは30ポイントより小さくしないようにしましょう。各スライドのフレーズや文章は3つか4つ以内にするのが理想です。つい箇条書きを増やしたくなるかもしれませんが，思いとどまりましょう（「箇条書きによる死」を招いてしまいます）。

パワーポイントによる死

パワーポイントのプレゼンテーションにおいて以下の致命的な過ちをおかしてしまうと，聞き手は離れていってしまいます。
1．複雑な図
2．細かいスプレッドシート
3．気が散るような過剰なアニメーション
4．長い箇条書き
5．文字が多すぎるスライド
6．一言一句読み上げる

　内容を厳選しましょう。それぞれのスライドに情報を多く入れすぎないことです。3，4つの短いフレーズの箇条書きで十分でしょう。

　「私たちの朝のルーティーン」というスライドでは，子どもたちは教師の話を聞かずに，手順を読むでしょう。教師のほうも，子どもたちが手順を理解したのか，わかりません。

　シンプルにすると，同じ情報を消化しやすい形に変えることができます。手順がそれぞれ箇条書きにされています。このスライドを補助的に使いながら，教師は手順の説明をすることができます。

文字を際立たせる

　長い箇条書きを羅列するより，アニメーションを使って一度に1つずつ見せることも検討しましょう。

　箇条書きのアニメーションについては，2つの考え方があります。人によっては「箇条書きは一度に全部見せたほうがいい。全体像である森を見てもらえる」と言います。こうした人たちは，関連性を示すために，前の記述を示すのを好みます。ちょうど森の中の木々が関連し合っているのと同じです。

　また，「箇条書きは一度に1つずつ見せたほうがいい。そうすればあなたが話している点に集中してもらえる」という人もいます。

　『Why Most PowerPoint Presentations SUCK』の著者リック・アルトマンは，すべてのスライドを一度に見せるほうが好みだと言います。ただし，1枚のスライドに入れる箇条書きの数は多くなりすぎないようにし，文章やフレーズも簡潔にします。

まずは口頭で

　教師はあなたであることを忘れないようにしましょう。プレゼンターはあなたです。まずは言うべきことを口頭で伝えてから，スライドを見せます。

まずは口頭で伝え，
次に目で見せる。

　子どもたちがスライドを見るときには，すでにあなたの説明を聞き終えています。スライドを見せながら，さらに補足説明をしたり，手順の練習をしたりすることができます。

実物の写真を使う

　パワーポイントは視覚的なソフトウェアなので，プレゼンテーションを絵や写真だけで構成し，メッセージを伝えることも考えられます。

　実際の手順の写真を見せて，その意味を説明するとわかりやすくなりま

す。
　プレゼンテーション向けの視覚的な材料は，あなたの教室の中にあります。教室の写真を撮って，スライドに取り入れましょう。子どもは知っている人の顔やクラスの様子を見て喜びます。また，あなたがクラスの子どもたちとこれまでに築いた成功について話すことで，信頼感も伝わります。

背景と色

　「デザインする」というのは，飾りつけるということではありません。「コミュニケーションをできるだけ，効率よく行う」ということです。メッセージは明確で，すぐに理解できるものにします。特に英語を外国語として学んでいる子どもに配慮します。

　スライドに情報を詰め込みすぎるのは，効果的ではありません。余分な情報が入っていると，混乱を招きます。空白の部分があると，メリハリがつきますし，見る人はほっとします。

　白地に黒い文字，あるいは黒字に白い文字は，とてもいい例です。白と黒のコントラストは，あなたが言いたいことを際立たせてくれます。ただ，色は一定の感情を引き起こすということも，覚えておきましょう。**黒は虫の知らせ，白は高揚，赤は注意を促し，青は静寂，緑は中立です。**

　ただし，あなたのスライドが効果的かどうかを背景や色が決めるのではありません。**大事なのは，いかにシンプルに効率よくあなたの言いたいことが伝わるかです。**

　スライドを準備するときには，あなたが教えている子どもの学年に合わせた色選びをしましょう。幼い子どもは明るい，ワクワクするような色を好みます。あるいは，あなた自身の性格や他のテーマに合わせた色を選ぶのもよいでしょう。たとえばある体育の教師は，ハイスクールの子ども向けのプレゼンテーションにはスクール・カラーを使いました。

過剰なアニメーションは避ける

　パワーポイントには，「アニメーション」という機能があります。文字を

動かしたり，伏せていたキーワードを見せたり，音を追加したり，ビデオやスライド・ショーを展開したりすることができます。

　アニメーションを過剰にするのはやめましょう。鳥が羽ばたくようなスライドや，ロケットが飛んでいくようなスライドをつくりたくなるのはわかります。ですがプレゼンテーション上の動きは，注意力を散漫にします。自閉症の子どもやADHD（注意欠陥多動性障害）を持つ子どもは，アニメーションが多すぎるスライドを見ると，神経が高ぶって落ち着きをなくすようなことがあります。

　次のようなことは問題ないでしょう。

- 言葉やフレーズの色を変えて強調する
- スライドに写真を1枚，あるいはビデオ・クリップを1つ追加する
- 際立たせ，理解を深めるため，箇条書きはスライド1枚につき1つにする

　パワーポイントの技を自慢するような教師になってはいけません。下記に，アニメーションの使用が不適切な例を挙げます。

- 内容に付加価値を追加せず，目的に合っていない
- あなたの伝えたいことから，子どもの注意を逸らす
- 子どもを驚かせる

コンセプトを実行に移す

　テキサス州，ラウンド・ロックで教えているステファニー・ストーブは，2012年のテキサス最優秀教師です。彼女はパワーポイントを使って，子どもたちに手順を教えています。成果を上げる教師はみんなそうですが，彼女も子どもたちによりよい学びを提供するため，常にスキルを磨いています。私たちの指摘を踏まえ，自分の使っていたパワーポイントのプレゼンテーションを改良しました。その結果，「ずっとよくなりました。シンプルで

すっきりして子どもにわかりやすくなっています！」と言っています。

成果を上げるパワーポイントのスライドをつくれば，あなたの言葉にインパクトが加わります。

プレゼンテーションのスライドを整える

学級開きのためのパワーポイント・プレゼンテーションは，基本的に5つのパートから成ります。それぞれのパートにつき，少なくとも1枚はスライドを準備するようにしましょう。

プレゼンテーション5つのパート

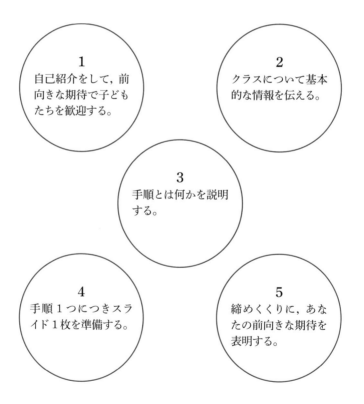

クラスの手順をどのように教えるか

手順の教え方にも「手順」がある。

手順には練習が必要

　成果を上げる教師の学級経営計画には，手順とルーティーンが詰まっています。学級経営がうまくいき，授業が滞りなく進んでいくかどうかは，教師が手順を上手に教えられるかどうかにかかっています。手順があれば，整然とした学びが達成されます。

> ■**安全で，整然とした生産性の上がるクラスをつくるステップ**
> １．教室での活動すべてに，手順をつくる
> ２．手順を教えるには，３ステップの手法をとる
> ３．ルーティーンになるまで，手順を練習させる

　教室での手順を教えるのが，こんなに簡単なら，いまだフラストレーションを抱える教師がいるのはどうしてでしょう？
　私たちは，次のような声をよく聞きます。「子どもたちには，やるべきことを伝えています。何度も何度も繰り返し言っているのですが，全然その通りにしてくれません」。

　解決策は簡単です。**手順には練習が必要なのです。**
　たとえば緊急時に備えるには，いざというときに何をすべきかを伝えるだけでは十分ではありません。手順を練習する必要があります。防災訓練があるのはそのためです。
　子どもに何をしてほしいのか，言うだけでは十分ではありません。保護者の中に，「何度言っても子どもが言うことを聞かない」という人がいるのも同じ理由です。経験を積んだコーチや音楽の教師が知っていることを，知ら

ないだけです。
　すべての手順には練習が必要なのです。
　多くの演奏家は，カーネギー・ホールでのパフォーマンスを夢見ます。「カーネギー・ホールで演奏できるようになるには，どうすればいいの？」と子どもに聞かれたら，音楽の教師の答えはいつも同じです。「練習して，練習して，もっと練習するの」。子どもに何をすればいいのか伝えるだけでは，上達は見込めません。
　コーチや音楽の教師に，どういう方法を使っているのか聞いてみましょう。何をすべきか言う代わりに，コーチはプレーをさせ，音楽教師は曲を何度も何度も練習させます。試合やコンサートの終了後には，またすぐに練習に戻ります。
　中には他よりも秀でたチームや，歌が上手な合唱団を受け持っているコーチや教師もいます。平均的な状態から，賞を受賞するような卓越した集団に育て上げるコーチや教師もいます。どうすれば，そんなことができるのでしょうか。それには練習，練習，練習あるのみです。

　同じように，手順を教え，練習させることを実践し，すばらしい学級経営を行っている教師もいます。こうした教師は，子どもたちに秀逸な結果を達成する刺激を与えているのも，意外ではありません。**クラスの成功は，あなたが手順をどう教えるかにかかっているのです。**

クラスの手順を教える3つのステップ
　手順を教えるのに失敗する教師の多くは，クラスに手順の説明をするだけで終わってしまっています。手順をつくり，説明し，例を見せ，話合いや質問の場を設け，理解していることを確認するためにデモンストレーションをしましょう。
　手順を教えるための手順もあるのです。すべての手順を，次の3つのステップで教えましょう。一番大切なのは，一歩一歩段階的に指導することです。説明し，練習し，強化する3つのステップを，本書のすべての手順に示しています。

STEP 1 説明する
手順を示し，見本を見せる

STEP 2 練習する
あなたの監督のもと，子どもたちは手順を練習する

STEP 3 強化する
再度説明・練習し，習慣（ルーティーン）になるまで続ける

成果を上げる教師の3つのステップ

STEP 1 説明する

　クラスに手順を説明し，見本を見せます。数名の子どもたちに手順のロールプレーをしてもらってもいいでしょう。過去に受け持ったクラスの手順を行っているビデオを見せるのもおすすめです。特定の手順に対し，劇をつくる教師もいます。

　手順がどのようなものなのか，実際に子どもたちに見せなくてはなりません。正しく行うとどういう結果になるのか，体験してみる必要がある子どももいます。それぞれの手順を見せながら，はっきりとした声で説明しましょう。

　子どもたちは，あなたがしてほしいことを「わかっている」「自分で考える」だろう，などと思ってはいけません。

　話合いや質問を受ける時間を必ず設け，子どもたちがきちんと理解できるようにします。

STEP 2 練習する

　子どもたちを少人数のグループに分け，練習させます。ガイド付きの練習です。その後で，各自1人で練習をさせましょう。個別練習です。子どもたちが練習しているとき，その様子を観察します。正しく行えているか，あなたが見極めます。このとき，質問はしません。「どうすればいいのか，わからない人はいますか？」「何か質問はありますか？」というような問いかけでは，恥ずかしがって答えない子どももいるからです。

　もし手順が間違っていても，その結果何かが起こるということはありません。手順はルールではないことを，忘れないようにします。あなたのすべきことは，優秀なコーチや音楽教師がすることと同じです。彼らは，プレーをさせ，歌の練習をさせます。成果を上げる教師であるあなたは，手順を，何度でも繰り返し練習させます。

　手順を覚えるのは，スキルの習得と似ていて，子どもによっては自然と正確にできるようになるまで，かなり練習しなければなりません。整理する，順序立てる，話を聞く，集中する，といったことができない子どももいるでしょう。その場合，正確にできるようになるまで，練習を繰り返します。

STEP 3 強化する

　子どもを観察するときには，ついていけていない子，指示通りに動いていない子から目を離さないようにします。言葉で指導し，それから行ってほしいことを実際に示します。**刺激を与え，励ましましょう。最初の1回でうまくできなかったからといって，不満を見せないようにします。**指導に時間のかかる子どももいるものです。成果を上げる教師は，忍耐強く，手順を強化するには繰り返し教えなくてはならないことを理解しています。

　手順通りに動いている子どもも，把握しましょう。**こうした子どもには，一般的な褒め言葉をかけるのではなく，具体的な行動について褒めるようにします。**何がよかったのかを伝えるのです。たとえば「マーヴィン，よくやったね」ではなく「マーヴィン，教室に入ってきたとき，バッグをどこに置けばいいのか，きちんとわかっていたね」といった具合です。

子どもが手順を守らない場合

　さて，手順を教えたのに，子どもが守らない場合はどうすればいいでしょう？　たとえば，発言の順番を待たずに，子どもが感想を言ったとしたら？

　こうした問題への一番の解決策は，すべての手順を練習することです。

　ここが一番つまずきやすいところで，クラスの手順を確立できずに終わってしまう原因です。手順を説明するだけで，残りの2つのステップ（練習と強化）を実践しない教師が多いのです。

　練習と強化をしても，手順が定着しない場合，2つの選択肢があります。

> 1．手順のステップを変えて再度説明する
> 2．手順をルールに変更する

　手順をルールに変える場合，ルールが守られない場合の結果を考えます。ただし，これはあまりおすすめしません。監視や対立につながるようなことよりは，子どもたちと前向きな活動に取り組むほうがいいからです。

　クラスに手順を設けるのは，何をすればいいのかを全員がわかるようにするためであることを，しっかりと伝えましょう。子どもは意外なこと，何が起こっているのかわからない状態を嫌がります。

　手順に従わない子どもがいても，声を荒らげて大ごとにするのはやめましょう。穏やかに忍耐強く対処します。その子どもに，手順はルールではないことを説明します。手順に従わなくても，罰則はありません。こう聞きます。「アルバイトをしている？　そこでの仕事を1つ教えてもらえる？　その仕事を間違いなく行うために，何か手順はない？」。

　子どもがアルバイトをしていなければ，ロッカーを開けるための手順を説明してもらいましょう。あなたの学校でロッカーが使われていなければ，こう聞いてみましょう。「電話はしたことあるよね？　相手と話すには，どうすればいい？」。子どもの答えを受けて，手順は命令でなく，タスクを成し遂げるためのステップであることを説明します。

　規律は衝突を招くことがあります。手順にはそういう面はありません。あなたは，子どもに学びと達成の機会をつくることに力を尽くせるのです。

CHAPTER 1

学級開き，そして日々の授業を
どのように始めるか

教師の挨拶はクラスに前向きな雰囲気をもたらし，
子どもたちのやる気を促す。

毎日子どもたちに挨拶する

　学級経営計画は準備できました。パワーポイントのプレゼンテーションもつくりました。座席表も用意してあります。やる気と期待に満ち，それに少し緊張して，あなたは1年が始まるのを待っています。**最初の7〜17秒で，子どもたちのあなたに対する印象は決まります。**あなたが何をどのように行動するかが，第一印象になります。

　教室のドアの外に立ち，子どもたち1人1人を迎えましょう。にこやかに握手して，「よく来たね。よろしくお願いします」と挨拶をします。誠意と自信を持って言いましょう。1年を通じて毎日，言いましょう。

　あなたの笑顔，握手，あたたかい挨拶が，子どもの1日の中で，前向きな人との唯一の関わりかもしれません。それをもたらすのは，あなたです。**毎日子どもに挨拶するたびに，絆が深まっていきます。あなたは，「子どもたちをきちんと気にかけている」ということを見せているのです。**

　挨拶を交わすのは，生活に必要なスキルです。誰かの家や会社を訪問するとき，飛行機に乗るとき，信仰の場に入るとき，医者にかかるとき，友達に会うとき，いつでも挨拶が交わされます。挨拶は，その先へのプレリュード（前奏曲）です。次の展開に対し，準備を整えるのです。

　学校に入り，教室に入るときに教師から挨拶を受けることで，その日，その年に対する子どもの期待は高まります。

　子どもたちがしっかり挨拶を受ける学校では，問題行動は少なくなり，さらに大事なことですが，子どもたちは，よく学びます。

準備：学級開きの前に

> 事例

挨拶のリーダー

　ニューヨークのスタテンアイランド・スクール・オブ・シビック・リーダーシップでは，幼稚園の子どもたちが教室のドアのところに来ると，教師と子ども１人が挨拶をします。

　幼稚園の教師であるロレータ・アンダーソンは，毎年１年の初めに，１か月間「挨拶リーダー」になりたい子どもたちを選びます。教師が「挨拶リーダーの手順」のお手本を見せます。教師は挨拶リーダーと握手し，学校に歓迎します。子どもたちも同じことをやってみせ，手順を確認します。

　それから２人の子どもに教室のドアのところに立ってもらい，クラスメイトが教室に入る度に「おはよう」と声をかけ，握手をさせます。

　教室に入る子どもも「おはよう」と応じます。

　このルーティーンは早い段階で取り入れ，１年を通じて行います。「挨拶リーダー」は月毎に交代するようにします。

> 事例

成功を信じる

　ブロックトン・ハイスクールは4200名の子どもたちが在籍し，マサチューセッツ州で一番大きく，全国でも有数の大規模校です。キャンパスには９つの建物があり，航空母艦くらいの大きさですが，子どもたちは心地よく過ごしています。それは毎朝，挨拶で迎えられるからです。

　校長のスーザン・シホヴィツはもう１人の教師と毎朝，４つある入口の１つを通って通学する子どもたちを出迎えます。４年間，毎日続けています。当初，この学校は『ボストン・グローブ紙』で最も学力の低いハイスクールの１つとされ，中退率がなんと33％でした。それが，今では卒業率97％の全国でも有名な学校に生まれ変わりました。

　一時，子どもたちは脱落しても構わないという風潮があり，実際にその通りになっていました。今では，「子どもたち全員に成功する権利がある」という一貫した学校文化があります。そしてそのメッセージが，毎朝学校に入るときに挨拶で迎えられることで伝わっているのです。

CHAPTER 1

> 事例

きみの未来へようこそ

　ルイジアナ州，モンローのミドルスクールの教師，ダレル・クラックは教室に子どもを迎え入れるとき，次のように言っています。

　「私たちのクラスへようこそ。きみの未来へようこそ」。

　そして，もう1人の子どもにも，交代制で自分と一緒に出入口でクラスメイトを迎えてもらっています。彼のクラスでは，問題行動は起こりません。楽しく友好的な雰囲気に満ちていて，子どもたちはにこやかです。安全なクラスで，信頼と尊敬のある環境で交流し，学べることがわかっているからです。

> 事例

すべての教室で毎日

　ノース・カロライナ州，ローリーの学校 A.B. コームでは，子ども1人が教師と一緒にドアのところで子どもたちを出迎えます。毎週新しい子どもが選ばれ，挨拶や握手，受け答えの仕方を教わります。

教師と子ども1人が出迎え，挨拶や握手をする

準備：学級開きの前に

　この学校には一貫性という文化があります。子ども同士の挨拶は，すべての教室で毎日，毎年行われています。一時は地域で最もパフォーマンスの悪い学校だったものの，今では優秀な学力とリーダーシップで知られるようになりました。学校が変わり始めたのは，すべての教室で毎日，歓迎の挨拶をするようになってからです。

あなたの影響
　子どもたちの中には，朝食をとらずに学校に来る子，家庭内に軋轢(あつれき)がある子，近所のガラの悪い人たちのそばを通ってくる子，歩道やバスで罵倒に耐えている子，金属探知器を通り抜けて学校に入ってくる子などがいます。あなたが滅多に時間通り学校に到着せず，慌ただしく授業の準備をしている間，子どもたちがじっとあなたを見て授業が始まるのを待ち続けているようなことはないでしょうか？　こうした混乱は，その後の雰囲気を決定付けてしまいます。

　あなたはきちんと準備を終えていて，子どもたちが教室に入ってきた瞬間から学びの活動やレッスンが用意されているでしょうか？
　思いやりがあり，穏やかで安定した状態で子どもたちを教室に迎え入れているでしょうか？
　あなたの一貫性は，その後の雰囲気を決定付けるのです。

教師は子どもが人生のその時点で出会う，最初の安定した大人であるべきだ。子どもの明るい明日のための，「灯台」のような存在でなければならない。

CHAPTER 2
学級開きを迎えるための手順

CHAPTER 2

1 学級の始まりのルーティーン

> 朝の，あるいは学級のルーティーンを確立することで，
> 子どもは自らの学びに責任を持つようになる。
>
> 教室で何をすべきかわかっている子どもは結果を出す。
> そして結果は，学びと達成を生む。

> **解決ポイント**
> 学級の始まりのルーティーンは，その授業時間あるいは1日の方向性を決めます。授業が始まって最初の数秒間でうまくルーティーンをこなすかどうかで，その日を生産的に過ごせるかどうかが決まります。

この手順は，以下の機会をもたらします。

> 1. 教室に入った瞬間から，子どもは責任を持つ
> 2. 一貫性のあるルーティーンに従うことで，子どもの時間が指示で無駄にならない
> 3. 教師は教室に入ってくる子どもたちを出迎える時間が持てる

背景

ルーティーンは，促されなくても自然となされる手続きや行動です。朝のルーティーンは，子どもが1人で行い，授業の準備をするものです。クラスの始まり，あるいは1日の始まりに，すぐに学びが開始されるよう，ルーティーンを行いましょう。始業ベルが，授業を始めるのではありません。教師が授業を始めるのではありません。ルーティーンを行うことで，子どもたちが自ら授業を始めるのです。これは，駐車スペースから車を出すと

きに背後を確認するのと同じくらい，自動的に行われるようになっていきます。

　授業を始める準備は，日々の授業計画を準備するのと同じくらい大切です。授業の始めに，休息の時間をとる必要はありません。教室に入ってきた瞬間から，子どもは学ぶ準備ができています。成果を上げる教師は，授業を始めるのに，意図を持って計画を立てます。その日の学びの流れをつくり，始業ベルが鳴る前から子どもたちが学び始められるようにするのです。

手順のステップ

　朝の，あるいは学級のルーティーンを確立します。ルーティーンがあることで，私たちの日々の生活は成り立っています。いくつかの例を挙げ，生活の中にルーティーンがあることを理解させましょう。ミュージシャンやスポーツ選手は，演奏や競技の前にウォーミングアップを行います。そうすることで怪我を防いだり，集中力を高めたりすることができ，よりよいパフォーマンスが期待できます。

　同じように，成果を上げる教師はルーティーンを確立し，授業や１日の活動に向けて準備をします。

　小学校のクラスでは，以下のような典型的なルーティーンがあります。

ルーティーンの例	
・静かに教室に入る。	・宿題を提出する。
・上着を脱いで，かける。	・その日の計画表を見る。
・かばんの中身を出す。	・ベル課題を始める。
・削ってある鉛筆２本と教科書，教材を準備する。	

　ナイル・ウィルソンはハイスクールのオーケストラ・クラスで，以下のようなルーティーンを設けています。

CHAPTER 2

オーケストラ・クラスのルーティン	
・速やかに自分の楽器，音楽ファイルと鉛筆を取り出す。	・ガイドラインに従って楽器をチューニングする。
・始業ベルが鳴る前に席につく。	・ソルフェージュ（ドレミファの階名を用いた声楽曲の練習）練習に参加する。
・ウォーミングアップ委員に従ってウォーミングアップ・ルーティーンを行う。	・指揮者からの指示を待つ。

STEP 1 説明

朝の，あるいは学級のルーティーンのコンセプトを子どもたちに説明します。なぜ人は運動をする前にストレッチを行うのか，音楽を演奏する前に楽器のチューニングを行うのか，料理の前に材料を切るのかを話し合いましょう。毎朝，あるいは授業の前に，学級のルーティーンに従ってすぐに作業に取り掛かることを教えます。子どもたちがルーティーンを忘れるようなら，文字にしたものを貼り出します。教室に入ったとき，どこを見れば毎日のルーティーンがわかるか，場所を示します。

STEP 2 練習

朝のルーティーンがどのようなものか，実際にお手本を見せます。子どもたちの中から希望者を募り，各ステップを明確にしながらルーティーンの見本を見せてもらいます。一度，クラス全員に教室の外に出てもらいましょう。そして，朝のルーティーンを段階的に行わせます。手順に正確に従っている子どもを褒め，間違っている子どもには正しいやり方を教えます。

STEP 3 強化

次の日には，ドアの出入口で子どもたちを迎えるときに，朝のルーティーンに触れ，実行を促します。**ルーティーンが定着するまでは，教室の外に朝のルーティーンを貼り出しておくのも効果的です。**

もし朝のルーティーンをうまく行えないようなら，再度各ステップを練習しましょう。このプロセスは，ルーティーンが守られるまで続けます。

2 計画表

計画表を貼り出すことで、子どもたちはその日に行われることを把握できる。子どもによっては意外なことが起こると気が散る傾向があるが、それを防ぐ役割を果たす。

子ども、教師ともにやるべきことに集中でき、1つの作業から次の作業への移行もスムーズになる。

> **解決ポイント**
> 教室に入ってきた瞬間から、子どもに作業をさせることができます。1日の流れを書いた計画表を貼り出しておき、子どもが確認できるようにしましょう。何が行われるのか、いつ行われるのか、なぜ行われるのかをわかるようにしておきます。

この手順は、以下の問題を防ぎます。

1. 何もすることがないので、子どもたちが教室内を歩きまわる
2. 「今日は何をするんですか？」と子どもに言われる
3. 1つの活動から次の活動に移るときに手間取る

背景

1年の初めに教師にとって一番大切なのは、一貫性の確立です。

子どもは意外なことや、秩序が保たれていない状態を嫌がります。日々の計画表を、全員が見える場所に掲示しましょう。そうすれば何がいつ行われるのか、授業の目的やテーマが何かを把握させることができます。

ビジネスの世界では、上司の指示を受けなくても、従業員は仕事を始めま

す。何をすればいいのか，わかっているからです。

計画表には，その日のスケジュール，始まりの課題，学ぶ目的，時間などを書き入れます。そうすることで，子どもたちは自分の学びに責任を持ちます。

> 1．計画表があると子どもは教室に入った瞬間から作業を始めるので，自発的に動くようになる
> 2．計画表があると子どもは学びの趣旨を理解し，「今日は何をするんですか？」という質問をしなくなる

授業が始まったとき，あなたが優先すべきは，出席をとることではありません。子どもに作業を始めさせることです。

計画表は3つのパートに分かれ，子どもの作業時間を最大限にしていきます。

- 1. スケジュール
- 2. 始まりの課題
- 3. 学ぶ目的

子どもはルーティーンと一貫性のある，秩序立った環境を求めています。毎日の計画表には，その日の授業や活動を時系列に書き入れます。掲示しておけば教師も子どもたちも，いつでも見て確認することができます。

計画表やスケジュールが貼り出されていなければ，教室に入ってきた子どもは，教師が「もう始業ベルは鳴りましたよ。席について静かにしなさい」と指示するまで，ふらふらと歩きまわることになります。そして，教師が指

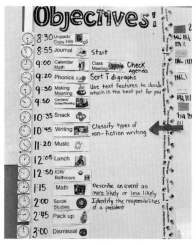

3つのパートを示した計画表

示したのは「席について静かにする」ことだけだったので,「今日は何をするんですか？」と声を上げることになるのです。

　日々の計画表をつくるとき，クラスの実態によっては各教科やその他の活動の開始時間と終了時間をあえて書き入れないようにすることもあるでしょう。なぜなら，子どもたちが時計を見ては，次の活動を始める時間だと言い出すのを防ぐためです。とはいえ，時間を掲示しておくと，便利なこともあります。子どもたちが必ず参加しなければいけない特別な授業やイベントがあるときなどです。図書館タイムやパフォーマンスタイム，全校集会などがこれに当たります。

　日付，時間割，教室など，あなたのクラスの子どもたちの実態に応じて，知っておくべき情報を入れましょう。

　子どもたちに手伝ってもらうこともできます。小学校では,「掲示板係」の子どもが帰る前に，掲示板に書かれたその日の計画表を消します。

　あなたは子どもたちが帰った後，翌日の計画表を書き入れましょう。

　高校では「ホワイトボード担当」がホワイトボードにあるテンプレートに従って，計画表を書き換えるようにしています。

手順のステップ

　1日の計画表を学級開きで，そしてその後も毎日，掲示しましょう。掲示場所を決めて，その場所に一貫して掲示するようにします。子どもたちには，教室に入ったらすぐに決められた場所にある計画表を確認することを伝えます。

STEP 1　説明

　子どもたちに，たとえば話合いのスケジュールや卒業式の式次第，演劇のプログラムなど，やることが時系列に記載されたものの例を見せます。そして，似たような計画表が教室に毎日掲示されること，何をすればよいのかがわかることを説明します。

計画表の見方も教えましょう。まずスケジュールを見て,どんな目的で何を学ぶのかを確認し,その後で始まりの課題に取り掛かるということです。

始まりの課題が終わったら,その日のスケジュールと学びの目的について,詳しく説明することも伝えます。**教室に入った後,毎日子どもたちが最初にすべきことは,始まりの課題を完成させることです。**

計画表を説明するときになったら,それぞれの教科や活動を順番に読み上げます。「何か特別なこと」「いつもと違うこと」がある場合は,事前に伝えておきます。

STEP 2　練習

子どもたちをドアの前に集合させ,教室に入る練習をしましょう。入ったらすぐに朝のルーティーンを開始するように言います。おそらくルーティーンは,まず計画表を確認することでしょう。スケジュール,目的,始まりの課題を確認させます。

計画表は子どもたちが教室に入る前に掲示されていること,毎日同じ場所にあることを強調しましょう。そこを見れば,「今日は何をするんですか?」などと聞く必要はないことも伝えます。

子どもたちに計画表を見て,始まりの課題に取り組むよう指示します。

全員がきちんと作業しているか,確認しましょう。

STEP 3　強化

計画表と学びの目的は,1日の中で折に触れて確認するようにします。

学級開きでは,1つの活動から次の活動に移るときには,必ず計画表を確認するよう,子どもたちに指示しましょう。そうすることで学級は計画表に沿って運営されていること,教室でびっくりするようなことは起こらないこと,あるのは一貫性とルーティーンだけだということを強調できます。

たとえ教師が休みでも,子どもたちは代行の教師に何をすべきか説明できることを補足します。掲示されている計画表を見せればいいのです。

# 3 始まりの課題

学級経営がうまくいっているクラスは，子どもたちが教室に入るとすぐに作業を始めるので，ピンとくる。

教師が促すこともない。毎日始まりの課題を掲示することで，子どもたちは最初の1分で作業のルーティーンに入っていく。

> **解決ポイント**
> 授業が始まる前に始まりの課題を掲示しておけば，教室に入って1分で子どもたちは作業を開始します。始まりの課題があれば，子どもたちは始業ベルが鳴る前に作業を始められるのです。

この手順は，以下の機会をもたらします。

1. 時間を最大限に活用できる
2. 1日，あるは授業の始まりに，学びを開始する責任を子どもに持たせる
3. 1日，あるいは授業時間に向けて，学ぶ雰囲気が確立される

背景

学校では，すべての時間を有効に使わなくてはなりません。教室に入ると毎日すぐに課題があったほうが，子どもの生産性は上がります。授業や1日の流れをつくるのです。子どもたちが学校に来るのは，学ぶためです。

始まりの課題は短く，1人でできるものにします。追加説明や手助けが必要になりそうなものは避けましょう。以下に例として，いくつかのアイデアを挙げます。

始まりの課題のアイデア	
・前日に始めたプロジェクトを完成させる	・ページを読み上げる
・タイピングの練習	・日誌を書く
・書き取りの練習	・黙読する
・毎日の数学の復習	・リサーチ活動

　課題は，時間つぶしではありません。カリキュラムの内容の復習，コンセプトの応用，授業内容の延長，あるいは集中する活動などです。始まりの課題は短く，一般的に5〜10分で完了するものです。

　始まりの課題は，子どもたちが教室に入ってくる前に，所定の場所に毎日掲示します。課題を探し出すといった，推測ゲームではありません。子どもがすぐにわかるよう，決められた場所に掲示して一貫性を確立しましょう。

　始まりの課題は，「ベル課題」「ベル・ワーク」などという言い方もします。馴染みやすい呼び方を選ぶとよいでしょう。

始まりの課題の主な呼び名	
・ベル・ワーク	・朝の作業
・ベル活動	・ウォーミングアップ
・ベル・リンガー	・すぐやる
・ゴールデンタイム	・オープナー
・導入活動	・マインド・マター
・今日の話し言葉	・スポンジ（吸収）活動
	・すぐ書く

　始まりの課題に成績はつけません。成績が絡むと，子どもは不安を覚えます。朝から，そんな気持ちにさせないようにします。

失われたクラスの時間は，戻りません。授業の冒頭の5分間で出席を確認し，宿題を回収し，質問に答え，準備に費やしたとします。<u>1年で，実に3日分の指導時間が失われることになります。</u>

同じように中学校，高校における「1日5時限」の設定で考えてみましょう。1年で1か月分の指導時間が失われ，取り戻すことはできません。学校では，わずかな時間でも貴重なものです。教室に入った瞬間から子どもたちに学び始めさせることで，あなたの指導時間を最大限にすることができます。

手順のステップ

毎日，子どもたちが教室に入ってくる前に，決まった場所に始まりの課題を掲示します。

子どもたちはどこを見ればいいのかを知っているので，主体的に作業を始めます。1年の始まり，学級開きで始まりの課題の手順を教えましょう。

教室に入るとすぐに，子どもたちは始まりの課題を行う

STEP 1　説明

　子どもたちが教室に入ってくるとき，どこに最初の始まりの課題があるかを伝えます。子どもたちに，席についたらすぐに課題に取り組ませます。
　「課題は1人でやること」「仕上げるのに必要な指示はすべて書かれていること」も説明します。

　子どもたちが課題を始めて数分経ったら，「今後も毎日同じ場所に課題が掲示されること」を話します。
　課題によって，完成したら「提出するか」「手元に置いてクラス全体で確認するか」を伝えます。

STEP 2　練習

　子どもたちが最初の始まりの課題に取り組んでいるとき，手順を正確に行っていることを褒めましょう。
　2日目には，子どもたちが教室に入ってくるときに，席についたらすぐに始まりの課題を見て作業するように，あらかじめ伝えておきます。
　子どもたちを観察し，正しい手順を行っている子を褒め，そうでない子どもがいれば必要に応じて声をかけます。

STEP 3　強化

　子どもたちが始まりの課題に取り組んでいる様子を，観察しましょう。毎日，手順に従ってくれていることに感謝します。
　もし，手順に従うのに手こずっている子どもがいたら，個別に対応します。始まりの手順を行うステップを子どもに説明し，確認します。翌日，その子どもに，手順に従うのに教師の手助けが必要か，あるいは1人でも大丈夫かを尋ねましょう。1人できちんと作業できるようになるまで見守ります。

4 出席を確認する

どんな年齢の子どもでも、教われば決められた作業を、
責任を持ってやり遂げることができる。

子どもたちが自分で授業への出席を表明すれば、
その間あなたは入口で子どもを出迎えることができ、
指導の時間が削られることはない。

> **解決ポイント**
> 1日の始めの授業時間を事務手続きに使うことはしません。出席の確認、ランチの数の確認、宿題の確認は子どもたちが学ぶ準備をしている間にできます。昔ながらの点呼をとるやり方より、声に出さないやり方のほうが効率がよく、学びも遅延なく開始されます。

この手順は問題を解決し、以下の機会をもたらします。

1. 出席の確認などのタスクのプロセスを合理化できる
2. 学びの時間を最大限にできる
3. 子どもたちに責任感を持たせる

背景

教師が名前を順に呼び、子どもが返事をすることで出欠を確認するのは一般的ではありますが、指導時間の正しい使い方ではありません。学校での1日は無数のルーティーン事務作業があり、忙しいものです。事務作業を合理化すれば、一番大切な目標に集中できます。**それは教えることです。**その目標を達成するために、子どもが自分たちで出欠を確認できる手順を確立

CHAPTER 2

します。

　出欠確認の方法は，様々あります。出欠の手順の一環として，他の情報を集めることもよくあります。この手順の目標は，**すべての事務作業を合理化し，なるべく指導時間を増やすこと**です。あなたの教室の状況に合わせて手順を考え，短時間で終えるようにしましょう。

手順のステップ

　サラ・ジョンダルが，出欠確認とランチの数の確認を同時に行う際の手順を紹介します。幼い子どもは，責任ある大切な役割をもらうと喜びます。

　まず，子ども全員分のネーム・カードをつくります。裏にマジックテープを付けたカードに，子どもの名前を書きます。そして，布で覆ったロッカーや掲示板に貼っておきます。

　カゴを２つ用意します。１つには「お弁当」，もう１つには「給食」というラベルを付けておきます。ここはあなたのクラスの状況に合わせて変えます。カゴを机，台，あるは本棚に置きます。１年間，毎日同じ場所に置くようにしましょう。

　初日には，昔ながらのやり方で出欠をとり，ランチの数を確認します。そして新しい手順を教え，翌日からは子どもたちが責任を持ってそれを実行できるようにしましょう。

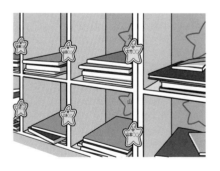

　クラスの係に，１日の終わりにネーム・カードをもとの位置に戻す係も入れておきましょう。

　子どもがこの手順を覚えると，教師には空き時間ができます。朝，子どもたちを迎えたり，質問に答えたり，保護者からの手紙に目を通したり，出欠の最終確認をしたり，有効に時間を活用できます。

学級開きを迎えるための手順

STEP 1　説明

1　昔ながらのやり方で出欠をとり，ランチの数を確認した後，あなたがその仕事をするのはこれが最後だと伝えましょう。翌日からは，子どもたちの仕事になります。出席している人数と，その日に必要なランチの数を正確に把握することの大切さを説明します。

2　子どもたち全員のネーム・カードが貼ってある場所を示します。簡単に剥がせることを見せます。

3　2つのランチ用カゴが置いてある場所を示します。

4　この手順は，朝教室に入ったら最初に行うよう，指示します。
教室に入ったら子どもたちが行うことは以下の通りです。
・自分のネーム・カードを取る。
・2つのランチ用カゴのうち，正しいほうに自分のネーム・カードを入れる。
・自分の席につく。
・始まりの課題に取り掛かる。

5　全員が席についたら，掲示板にネーム・カードが残っている子どもを欠席として記録する旨を伝えます。そして，給食用のカゴに入っているカードを数えることで，必要なランチの数を管理することを説明します。

6　子どもたちに，自分のカードだけを扱い，友達のカードには触れないよう指示します。もし忘れている子がいたら，それを教えてあげるのは問題ありません。ただし，その子は自分で責任を持ってカードを取り，適切なカゴに入れなくてはなりません。

7　終業時に，ネーム・カードをもとの掲示版に貼り直す子どもを指名します。

STEP 2　練習

　数名の子どもに，この手順をやってみせてもらいます。教室の外に並ばせ，教室に入ってきてもらいます。自分のネーム・カードを見つけ，掲示版から外して適切なカゴに入れるよう指示します。

　席に向かう子どもたちに，次は始まりの課題を行うことを伝えます。

子どもたちが席についたら、あなたが欠席者と、ランチの必要数を確認する様子を見せます。

手順を正確にできた子どもたちを褒め、どのように指示に従っていたかを説明します。

子どもたちを交代し、グループで順番に練習をさせ、全員が実際にネーム・カードを取ってカゴに入れるのを体験するようにします。

STEP 3　強化

子どもたちが帰る前に、毎朝の手順について、再度触れます。

翌朝は、教室で子どもたちを迎えるときに、ネーム・カードを忘れないよう声をかけます。

もし、この手順を忘れていても、罰則を科したりしてはいけません。 掲示板にネーム・カードがあるにもかかわらず、その子が教室にいたら、静かに子どもの近くに行き、「出欠とランチの数の確認の手順は、どういうものだった？」と声をかけます。

子どもが立ち上がり、掲示板からネーム・カードを剥がして適切なカゴに入れるのを見届けます。他の子どもたちは課題に取り組んでいるので、静かに親指を立てる、ウィンクをするなどして正しく行えたことを伝えます。

5 授業を終える／下校する

この2分間の手順を取り入れることで、教室はきれいで整然とし、次の子どもたちを迎える準備が整う。また子どもが教師を無視して、終業チャイムが鳴った瞬間に教室を飛び出していくことを防ぐ。子どもたちは前向きな気持ちで、教室をあとにしていく。

> **解決ポイント**
> 終業チャイムが授業を終わらせるのではありません。教師が終わりにします。授業を終える手順があれば、学びの時間は最大限になり、教室は整然とし、子どもたちは教師の合図で退出します。

この手順は、以下の問題を解決します。

1. 子どもたちが退出を待っている間、学びの時間が失われる
2. 子どもたちがドアのところに集まり、下校を待つ
3. 教室が乱雑な状態で残される

背景

教室によっては、100人以上の子どもたちが毎日出入りし、同じ教材を使います。教室や教室の備品は常に整然としていなければなりません。授業の最後に、シンプルな解散の手順に従い、1, 2分の片づけの時間を設けることで、教室はすぐ使えるきちんとした状態に保たれます。

小学校の教室では、乱雑なまま教室を出ると、「あとで誰かが片づけてくれるもの」という悪い例を見せてしまうことになります。1日に終わりを告げ、翌日の準備を整えるのも、すべて解散の手順の一部です。

解散の手順がないと、以下のシナリオが考えられます。

CHAPTER 2

> シナリオ1
> 　全員が集中して学習をしていて，時間はあっという間に過ぎ，気が付くと終業チャイムが鳴っています。教師が油断していると，子どもたちは急いで動き始めました。
> 　教師が注意する間もなく，1人の子どもが教室を出ていき，他の子どもたちもあとに続いています。仕方ないので教師は弱々しい声で，クラスを解散します。子どもたちは自分の物をつかんで出ていってしまい，あとには雑然とした教室が残されます。次の授業の子どもたちが入ってくるまで，数分間しか片づける時間はありません。

> シナリオ2
> 　教師は指示を出し，子どもたちは片づけを終えましたが，まだ授業時間が1〜2分残っています。
> 　子どもたちは，席についていなければならないとわかっていますが，1人か2人，立ち上がる子どもがいます。そして，じりじりとドアに向かい始めました。ここで止めないと，子どもたちはドアのところに集まり，お互いを突き合ったり廊下を覗いたりし始めます。そして終業チャイムがなるやいなや，飛び出していきます。

> シナリオ3
> 　1日の終わりが近づいています。教師は終業チャイムが鳴るまで授業を続けます。子どもたちにしっかりと学んでもらうためです。
> 　チャイムが鳴ると，子どもたちは急いで持ち物をまとめ，家に帰るバスに間に合うよう慌ただしく出ていきます。椅子はバラバラで，机の上に置かれたり，床に置かれたままになっていたりします。丸められた紙が床に落ちていて，宿題のために家に持ち帰るはずの本が，机の上に置きっぱなしです。教師の机の上には，子どもたちに家に持ち帰らせる予定だった連絡の紙が置かれたままです。子どもたちは紙を

> 受け取らず，宿題に必要な本も置いたまま出ていってしまいました。教師は次の日のために教室を整えなければなりません。

手順のステップ

この手順は学級開きで教え，授業の終わりに実際にやってもらいます。

STEP 1 説明

下校の手順は，以下のようなものです。

> 1．自分の場所が片づいているのを確認する
> 2．退出の合図があるまで席に座っている
> 3．席を立ったら椅子を机の下に入れる／机の上にのせる

この授業の終わりの手順について，教師の具体的な指示を紹介します。

> このクラスには手順があります。この学校では，ほとんどの先生が手順を設けています。何かをするのに同じ手順を使うこともありますが，やり方は少しずつ違うかもしれません。
> 　うちのクラスの解散の手順を説明します。チャイムが授業を終わりにするのではありません。私が，あるいは他の先生が授業を終わりにします。
> 　授業終了の2分前になったら，お知らせするので，教材をしまったり，片づけをしたりして，退出の準備をしましょう。
> 　チャイムが鳴ったら，忘れ物はないか，宿題やその作業に必要な教材を持っているかを確認するよう伝えます。机のまわりにゴミや紙が落ちていたら，拾ってくださいね。「楽しい1日を過ごしてね」と私が言うまで待ちますが，そんなに時間はかかりません。
> 　私がそう言ったら「クラスは解散」ということです。
> 　忘れ物がないようにして，机の上に椅子をのせて退出してください。
> 　どうもありがとう。

STEP 2　練習

　授業の最後の2分間で練習を行うことを，あらかじめ伝えておきます。解散の準備の時間です。子どもたちが確認できるよう，ステップを掲示しておきましょう。各ステップを1つずつ，説明し，次のステップに進む前に子どもたちに実際に行ってもらいます。そのときに正しく理解できているかを確認し，必要に応じて正します。

- (Step 1) 机はきれいで整然としています
- (Step 2) 作業エリアはきれいで紙やゴミが落ちていません
- (Step 3) 宿題を把握しています
- (Step 4) 教科書や持ち物は座席のところにあり，持ち帰る用意ができています
- (Step 5) 「楽しい1日を過ごしてね」と言ったら，退出します
- (Step 6) 席を立ったら椅子を机の上にのせます

　残り時間が2分であることを伝えます。子どもたちに机を片づけ，退出までの各ステップを行うよう，指示します。

　教室の中を見てまわり，観察したことを声に出します。

> ・この机はきれいね！
> ・この列にはゴミが落ちていないから，退出の準備はいいわね
> ・宿題を書き写すのを覚えていてくれて，ありがとう
> ・ここにかかっている上着は誰のかしら？

　歩きながら，子どもに指示を出したり，正したりして，忘れ物はなく，教室はきれいで次の日の準備ができていることを確認します。

　授業の終わり，または1日の終わりに，練習します。そうすることで子どもたちは初日から手順をうまく成功させることができます。

教室が非のうちどころのない状態になり，子どもたちが持ち物を準備して席についたら，こう質問します。「終業チャイムが鳴ったら，どうしますか？」解散の手順のステップを，もう一度説明します。実際に解散したかのように，教室から退出させます。

　子どもたちを教室の中に呼び戻し，とてもよくできていたと伝えます。必要に応じて，もう一度繰り返して練習してもいいでしょう。

　授業が終了に近づいたら，2分前のお知らせをします。何をすればいいのか，思い出させるようにします。チャイムが鳴ると，あなたが合図をする前に出て行こうとするせっかちな子どもがまだいるかもしれません。次のように制する心づもりをしておきましょう。

- 穏やかに，ですが毅然とその子どもが出て行く前に止めます
- 「席に戻って，私がクラスを解散するまで待ってもらえる？　解散の手順を完璧にこなしてほしいの。どうもありがとう」と伝えます
- あくまで穏やかに，笑顔で，ですが有無を言わせない態度を保ちます。たとえ子どもがわざとらしくため息をついてみせたり，嫌な顔をしたりしてもです

STEP 3　強化

　解散の手順で大切なのは，秩序立った安全な環境を保ち，授業が終わるのを出入口でみんなが固まって待つのを避けることだと伝えます。この手順があることで，子どもたちが慌ただしく教室から出て行き，散らかった教室が残されるということはなくなります。

　子どもたちがあなたの解散の合図を待っているとき，教室を見まわしてきれいで整然としていることを子どもたちにも確認させましょう。毎日，こういう状態で退出してほしいことを伝えます。そして，これから毎日手順を守ってくれることに，感謝します。

　教師が穏やかに一貫性を持って1年間ずっと解散の手順を守らせ，強化することで，最高の結果が得られるはずです。

CHAPTER 3
子どものための手順

CHAPTER 3

6 手紙や提出物を集める

すべての物に対して決められた場所をつくることで，教室が散らかるのを防ぎ，秩序を保つことができる。簡単な手順で，教師は保護者からの手紙の管理が楽になり，大切な文書を紛失することはなくなる。

> **解決ポイント**
> 「家庭からの連絡」とラベルを付けたカゴや箱を用意し，あなたの机に置いておきます。出席とランチ確認の際に，手紙の回収も追加しましょう。そうすれば，1日の始め，または授業の始めの数分でこの作業は終わります。

この手順は，以下の問題を解決します。

> 1．保護者からの大切な手紙をなくす
> 2．急ぎの連絡事項に，速やかに対応できない

背景

きれいで整然とした教室を保つ秘訣は，**すべての物に決められた場所をつくること**です。箱やカゴなどに『家庭からの連絡』というラベルが貼ってあれば，子どもは大切な文書を入れるのは，その場所だということを思い出すことができます。忙しい教師はひと目で，速やかに読んだほうがいい手紙があるかどうかを確認できます。この箱は勉強に関する文書を入れるためのものではありません。宿題，レポート，テスト，プロジェクト報告などは，別に回収します。

子どものための手順

手順のステップ

「家庭からの連絡」「用紙入れ」「特別なメモ」などのラベルを付けた箱やカゴを用意します。中に入れる物のリストを作成し，子どもたちが見やすい場所に貼っておきます。リストに入れる物は，あなたが決めるようにします。

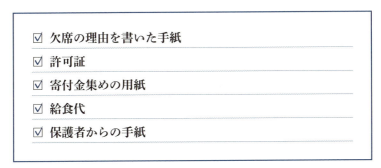

- ☑ 欠席の理由を書いた手紙
- ☑ 許可証
- ☑ 寄付金集めの用紙
- ☑ 給食代
- ☑ 保護者からの手紙

STEP 1　説明

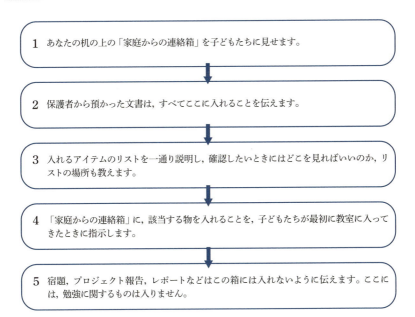

1. あなたの机の上の「家庭からの連絡箱」を子どもたちに見せます。

2. 保護者から預かった文書は，すべてここに入れることを伝えます。

3. 入れるアイテムのリストを一通り説明し，確認したいときにはどこを見ればいいのか，リストの場所も教えます。

4. 「家庭からの連絡箱」に，該当する物を入れることを，子どもたちが最初に教室に入ってきたときに指示します。

5. 宿題，プロジェクト報告，レポートなどはこの箱には入れないように伝えます。ここには，勉強に関するものは入りません。

STEP 2 練習

　提出物に見立てたカードを用意し，家庭からの連絡箱に入れるべき物と，そうでない物を複数，書いておき，子どもたちに配ります。たとえば「保護者からの手紙」「読書感想文」「宿題」「遠足の用紙」「本の注文書」などです。

　子どもたちを，ちょうど教室に入ってきたときのように並ばせます。そして，『家庭からの連絡箱』に適切なカードを入れるよう指示します。箱に入らないカードはそのまま持っておくよう伝えます。

　箱の中のカードを1枚1枚読み上げ，この箱で合っているかどうかを子どもたちに聞きます。子どもたちが箱に入れなかったカードについても，同じことを行いましょう。カードがどちらに入るのか，その理由と合わせて説明します。

　カードをもう一度配り，同じことを行います。カードの仕分けが正しくできるまで繰り返しましょう。

　大切な特定の用紙の締め切りの前日には，翌日家からの持ってきた用紙を『家庭からの連絡箱』に入れることを思い出させましょう。

　次の日，出入口で出迎えるときに再度，用紙を決められた箱に入れるのを忘れないよう，伝えます。

STEP 3 強化

　子どもが最初に家庭からの連絡を決められた箱に入れるとき，必ず「正しい手順を守ってくれてありがとう」と声をかけましょう。

　箱の中を確認するだけで済むので，あなたが家庭からの連絡を受け取るのがどんなに楽だったかを，子どもたちに伝えます。もし，保護者の方から何か確認事項があっても，あなたがすぐに反応できるのは，専用の箱があるおかげだと説明します。この手順がルーティーンになるまで，このステップを繰り返しましょう。

7 遅刻

*遅刻した子どもは、どこに報告すればいいのか理解し、
どこを見れば計画表や始まりの課題があるのかも
把握しているので、すぐに授業の流れに追いつく。*

*あなたの手助けは必要ない。
あなたと他の子どもたちは、中断することなく
スケジュール通りの作業を行う。*

> **解決ポイント**
> 子どもが遅れて学校に到着すると、クラス全体が影響を受けかねません。手順があれば、子どもは静かに教室に入り、他の子どもたちの気を散らすことなく、作業を始めます。

この手順は、以下の問題を解決します。

1. 遅れてくる子どもがいると、クラス全体が影響を受ける
2. 子ども1人1人の「遅刻」の数を記録している
3. 遅れてきた子どもに説明して、作業を始めさせなければならない

背景

子どもは気が散りやすいので、教室のドアが開くと顔を上げてそちらを見ます。ですが、子どもが遅れてきたからといって、授業の流れを止めることはありません。その子どもに学習内容を説明し、他の子どもたちにも、学習に戻るよう促すことも必要ありません。

CHAPTER 3

一貫した朝のスケジュールがあり，ベル作業が掲示されていれば，遅刻した子どもはすぐに作業に取り掛かり，他の子どもたちを乱すことはありません。

チェロンダ・セロイヤーの受け持つ高校のクラスでは，生徒が遅刻したら，教師の机にある遅刻届けの箱に理由を書いた用紙を入れることになっています。そして席につき，すぐに始まりの課題に取り掛かります。

遅刻した子どものために授業が中断することはありません。「どうして遅れたのか」「どこにいたのか」「誰のせいなのか」「『本当に』その子のせいではないのか」といった議論が始まることもありません。もし，他の教師のクラスにいたのなら，その教師からの許可のメモをもらってこなければならないとわかっています。

多くの学校では，子どもの遅刻の回数を記録することを義務付けています。遅刻が多いと子どもにとってマイナスになり，保護者と話合いをすることもあります。学校によって遅刻に関する規則は様々ですから，以下のことを心がけましょう。

- ・学校の遅刻の定義付けを確認する
- ・子どもたちに学校の規則を伝える
- ・保護者に学校の規則を伝える

たとえば，子どもが始業ベルの8分後に教室に入ってきたとしたらそれは遅刻でしょうか？　教師は出席をどう記録すべきでしょうか？　授業開始からどのくらい経つと，遅刻と判断すべきなのでしょうか？

多くの学校では，遅刻した子どもは，まず職員室へ行きます。そこで遅刻届を受け取り，教室に行きます。この用紙があると教師は，子どもの出欠記録が変わっているのが，わかります。また必要に応じて，保護者との面談に使うこともできます。

手順のステップ

子どもが遅刻届を入れる場所を決めます。その箱やファイル，カゴなどは

出入口の近くに置きましょう。そうすれば，子どもは用紙を提出してからすぐに席につくことができます。

STEP 1　説明

- 1　子どもたちに「遅刻をした場合の学校の規則」を説明します。まず職員室に行くことになっている，あるいは直接教室に向かう，などの決まりがあれば，それを伝えます。

- 2　遅刻したときには，静かに教室に入るように伝えます。

- 3　もし，職員室で遅刻届をもらう場合，用紙を入れる場所を教えます。あなたの注目を引くためにひらひらと振る必要はありませんし，クラスメイトを巻き込むこともありません。

- 4　その後自分の席につき，計画表を確認して作業を開始するよう伝えましょう。

STEP 2　練習

　遅刻した場合の正しい手順の見本を見せます。数名の子どもに，遅刻したと仮定して，正しい手順をやってみせてもらいます。正しくできたことを確認して褒め，必要に応じて他の子どもたちとも練習します。

STEP 3　強化

　子どもたちに，遅刻をしても授業の邪魔にならないよう，心がけることを覚えておいてもらいます。あなたは指導の最中かもしれませんし，クラスメイトは集中して学習しているかもしれません。静かに速やかに遅刻届を提出し，席について，作業を始めることが大切です。

　1年を通じて，子どもが手順を正しく行ったときには**言葉には出さず，ジェスチャーで褒めます**。

CHAPTER 3

8 欠席フォルダー

欠席フォルダーは，子どもが欠席したときに，すんなりと学びの場に戻るための一貫したシステムである。これがあれば子どもは不在中にしそびれたこと，どこを見ればそれがわかるのか，さらに完成させたらどこに持っていけばいいのか，いつ戻されるのかも理解できる。

> **解決ポイント**
>
> 欠席ファイルは，子どもが不在だった間の作業をすべて1か所にまとめるためのものです。子どもは欠席をしても，これを見ればクラスで行われたことがわかります。欠席した分の作業を，子どもにインターネットで提供するという方法をとってもいいでしょう。

この手順は，以下の問題を解決します。

> 1. 欠席した子どものために課題を集める
> 2. 欠席した子どもに，何が足りないのか確認する
> 3. 新しい課題と，欠席時の課題を分ける
> 4. 欠席した子どもに，不在時の作業を返却する

背景

前日に行ったことを振り返って，欠席した子どもの資料を揃えるのは効率的な時間の使い方とは言えません。「欠席フォルダー」の手順では，**欠席した子どもと席が隣り合っている子が，資料を揃える役割を担います。** すべての配付物を余分にもらい，欠席フォルダーに入れます。欠席していた子どもが戻ったときに，いなかった間の資料がどこにあるのかがわからないというような混乱は，起こりません。

インターネットを使って，資料にアクセスする方法もあります。いつでもどこでもアクセスできるので，便利です。資料の場所を1か所に決めておけば，欠席のたびに指示を繰り返さずに済むので，時間が無駄になりません。

手順のステップ

子どもの欠席は事前に予測できるものではないので，この手順は初日から確立しておきます。教室の前方にカゴを用意し，目立つ色のポケット・フォルダーをいくつか入れておきます。フォルダーには，教室番号，あなたの名前，そして「欠席フォルダー」という文字を入れたラベルを付けておきます。これを，欠席した子ども用の資料を入れるのに使います。

STEP 1　説明

1. 子どもたちに以下を説明します。隣の席の子ども（座席パートナー）が欠席の場合，出席しているパートナーはカゴから欠席フォルダーを取り出し，欠席している子どもの机に置きます。1日を通じ，パートナーは責任を持って配付されたものをすべて余分に受け取り，欠席フォルダーに入れます。

2. 子どもには，フォルダーの中の用紙は順番に入れるよう指示しましょう。新しく配られた紙は，後ろに追加していきます。

3. 欠席フォルダーは，常に欠席している子どもの机の上に置いたままにするよう説明します。子どもがクラスに戻ってくるまで，あるいは保護者が受け取りにくるまで，そのままにしておきます。欠席していた子どもは，戻ってきたときにいなかった間の資料がすべて自分の机に置かれていることがわかります。

4. 子どもには，フォルダーに入れるのは欠席していたときに配られたものだけにするよう，伝えます。子どもが戻った日の新たな作業分は，このフォルダーには追加しません。そこは，はっきりと区別しましょう。

5. 欠席フォルダーの中の用紙に関しては，提出日を決めます。そしてすべての作業が完了したら，欠席フォルダーに入れたまま提出するよう伝えます。専用フォルダーに入っていることで，あなたにとっても他の提出物との区別が簡単になります。

CHAPTER 3

STEP 2 　練習

　この手順のロールプレーを行います。

　子ども2人を選び，交代で欠席した役と，そのパートナーを演じます。欠席役の子どもには，ドアのところに立っていてもらい，教室の様子を見ていてもらいます。そして，次のように言いましょう。

　「ジェイソンは，今日お休みだということにしましょう。座席パートナーのジェロームは何をしますか？」。

　子どもたちが答えるのを待ちます。

　ジェロームが教室の前方にある欠席フォルダーを取り出し，ジェイソンの机に置くのを待ちます。そして「宿題を配りますね」と言い，列の横から用紙をまわします。みんなが注目する中，ジェロームは用紙を2枚受け取ります（1枚は自分用，もう1枚はパートナーのためです）。クラス全員に，パートナー用の用紙はすぐに欠席フォルダーに入れることを伝えます。そうすれば，なくなることはありません。もし，ジェロームが手こずっているようなら，他の子どもたちに正しい手順を説明してもらいましょう。

　ジェイソンに教室の中に入ってもらいます。全員に向かって「今日はジェイソンが戻ってきました」と言いましょう。そして彼に聞きます。「いなかった間の資料はどこにありますか？」。

　ジェイソンは自信を持って自分の席に歩いていき，フォルダーを手に取って「いなかった間の資料は全部ここに入っています」と言うのを全員が見て確認します。

　さらにジェイソンに質問しましょう。「次は何をすればいいですか？」

　ジェイソンの答えはこうです。「作業をして，フォルダーに戻して3日以内に先生に提出します」。

　練習がうまくいったところで，ジェイソンとジェロームの役割を交代させ，クラス全体に正しい手順をもう一度見せます。あるいは別のペアにロールプレーをしてもらってもいいでしょう。

　学年に合わせて，子どもたちが何をすればいいのか自信を持つまで，練習を繰り返しましょう。

子どものための手順

STEP 3　強化

　子どもたちに，これはペアで行うことを説明します。座席パートナーは，お互いに責任を持って，もう1人が欠席したときには，欠席フォルダーにきちんと必要な用紙を揃えて入れます。

　最初の1か月は，子どもが欠席するたびに，全員に向けて欠席フォルダーの正しい手順を説明しましょう。

　この手順は仲間意識を育むのに役立ちます。子どもたちはこのシステムがあることで安心し，友達に感謝するからです。

欠席フォルダーで仲間意識を育む

CHAPTER 3

9 宿題の出し方

専用のフォルダーやバインダーをつくることで，子どもにとって宿題の管理が楽になる。整理ができている子どもは，教室に入った瞬間から，あるいは家でも上手に時間を使うことができる。

> **解決ポイント**
> 「自宅学習（宿題）フォルダー」「1週間の課題シート」があれば，子どもが整理をするのに役立ちます。学校と家庭間のコミュニケーション・ツールとしても効果的です。日々，子どもが何を学んでいるのかを保護者に把握してもらえます。

この手順は，以下の機会をもたらします。

1. 宿題の管理をきちんとすることを子どもに学ばせる
2. 宿題の用紙を探す時間の無駄をなくす
3. 保護者にも宿題を把握してもらう

背景

　教師は様々なものを使って，子どもがうまく学習の記録を整理できるように工夫しています。フォルダーやリングノート，バインダー，紙ばさみ，カレンダーや電子機器などです。ここに入るのは，学級や学校の規則や手順，ルール，配付物，スケジュール，学級メモ，活動，テスト，プロジェクト，課題や宿題などです。

　子どもが整理することができて，その状態を保てるようなツールを提供しましょう。自宅学習フォルダーと1週間の課題シートは，子どもの日々のルーティーンに欠かせないものになるはずです。

手順のステップ

　自宅学習フォルダーの準備は，採用する方法によって変わります。フォルダーを使う場合は，左右にそれぞれポケットがあるカラフルなものを選びましょう。様々な色を使い，子ども１人につき１枚用意します。表のラベルに子どもの名前，教室番号，「自宅学習フォルダー」の文字を入れます。

　フォルダーを開き，それぞれに「中」「外」あるいは「終了」「やること」などの対の言葉を書いたラベルを貼ります。

　たとえば，「外」と書かれた右側に入れるのは，持ち帰って完成させるべきものです。完成させた宿題は「中」と書かれた左側に入れ，翌日提出します。

1週間の課題シートの後ろに宿題を入れていく

STEP 1　説明

1. 子どもたちに，それぞれの自宅学習フォルダーを机に置き，開いて２つのポケットが見えるようにします。
2. 「外」ポケットを指差し，宿題を「外」ポケットにしまってもらいます。これは，教室の外で行うものです。
3. 子どもに自宅学習の課題シートをつくるよう，指示します。ここには，１週間分の課題を書きます。課題の名前，期限のリストをつくり，完成したときに何らかの方法で印を付けられるようにします。授業の終わりや１日の終わりに，子どもがすべての課題を書き込んだか，確認するための時間をとりましょう。

4．自宅学習の課題シートをフォルダーの「外」ポケットに入れます。子どもに，**すべての用紙はこの課題シートの後ろに入れるよう指示します。**
5．子どもたちは宿題をする準備ができたら，フォルダーを開き，課題シートを確認し，やるべき宿題を取り出すように伝えます。
6．子どもたちに「中」のポケットを指差すように言います。終わった宿題はここに入ることを説明します。
7．宿題を完成させ，「中」ポケットに入れた後，課題シートの該当する箇所に，終わったことを示す印を付けるよう言います。
8．フォルダーをかばんにしまうように指示し，家に帰ったら宿題はフォルダーの中にあることを伝えます。
9．このフォルダーは毎日持ち帰り，そして，毎日学校に持ってくるものであることを覚えておくよう，伝えます。

STEP 2　練習

　まずは，課題シートのつくり方を伝えます。子どもたちに，線の引いてある紙に，「終了」「課題」「締め切り」という見出しを書いてもらいます。この紙が，わかりやすく宿題を1か所にまとめておくためのものであることを伝えましょう。クラス全員に，**この用紙はフォルダーの「外」側に入れるよう指示します。**

　黒板に，宿題と締め切りを書きます。子どもたちに，課題シートに書き込むように指示します。1日を通じて同じように，宿題と締め切りを書き入れていきます。黒板に課題を追加するたびに，子どもたちに

終了	課題	締切日
✓	国語：漢字ドリルp20〜24をやる。	10月29日(火)

課題シートのフォーマット

フォルダーを出して課題シートに写すよう指示しましょう。

一般的には約1週間で紙がいっぱいになるので，新しい紙に入れ替えます。もし，1週間以内に書く場所がなくなったら，もう1枚紙を追加して今使っているシートのうしろに足すよう指示しましょう。

それぞれの子どものフォルダーを確認し，課題シートの後ろに宿題が入っているか，リストに必要な情報が書かれているかを見ます。

子どもたちに，家に帰ったらこのフォルダーを出して「外」ポケットに入っている宿題をやるよう指示します。

課題が完成するたびに，課題シートの「終了」の欄に印を付け，終わった用紙を「中」ポケットに移します。

すべての宿題が終わったら，フォルダーをかばんにしまい，次の日学校に持って行く準備をするよう伝えましょう。

STEP 3　強化

習慣化するまで，1日の終わりに宿題の確認をします。子どもたちにフォルダーを机に置き，開くよう指示します。教室を見てまわり，正しい使い方がされているかを確認します。完成した宿題を提出する子どもたちを褒めます。

その後は，帰り際に無作為に，必要の応じてフォルダーの確認をします。

CHAPTER 3

10 提出物の頭書

一貫性のある頭書は，あなたが求める情報を子どもが忘れずに記入するのに役立つ。「謎の用紙」を受け取ることは少なくなり，「謎の作成者」を特定するのに使う無駄な時間も減る。

> **解決ポイント**
> 頭書の例を見本として掲示しておけば，すべての用紙に一貫した情報が記載されるようになります。また，子どもは名前などを書くことで，誰のものかを特定することの大切さを学びます。頭書の手順があれば，課題に名前を書き忘れる子どもは減るでしょう。

この手順は，以下の問題を解決します。

> 1．課題に名前や他の大事な情報が書かれていない
> 2．「謎の用紙」を誰のものか特定しようと，時間を費やす

背景

毎日多くの子どもたちと接する教師は，学校によっては複数の教科を教えている場合もあり，子どもの提出物が手順で統一されていると，管理が楽になります。

一貫性のある形式は，学年や学校全体で共有することもできます。提出物に頭書を入れることが身に付くと，子どもは気の向いた場所に名前や日付をランダムに書き入れるようなことはしなくなります。

手順のステップ

すべての用紙に共通する，頭書を掲示します。必要な情報を，正しい位置

に入れた頭書のサンプルをつくりましょう。このサンプルを教室の前方に掲示します。あなたが入れてほしい項目を，書き入れます。

頭書の位置も決めます。用紙の左上か右上が一般的でしょう。欄外に書いてほしいか，1行目に書いてほしいかも決めましょう。頭書は一貫性のあるフォーマットで，どの課題にも同じ位置にくるようにします。

頭書のフォーマット例

STEP 1 説明

1．最初の課題を配る前に，頭書の正しい手順を説明します。

2．事前に貼っておいた教室前方のポスターを示します。子どもたちに，いつでもここを見て，正しい頭書を思い出すよう伝えます。
3．それぞれの項目が，用紙のどの位置にくるのか説明しましょう。
4．子どもたちに白紙を取り出し，頭書の練習をするよう指示します。
5．情報を1つずつ，書き入れるように伝えます。
6．教室を見てまわり，情報が正しい位置に正確に書かれているかを確認します。
7．頭書の次の項目を書くように言います。
8．書く指示をした後，きちんとできているかを確認します。
9．子どもたちにも，互いに書いた紙を交換して，正しいか一緒に確認してもらいます。
10．全部の項目を書き終えるまで続けます。
11．もう一度，頭書の練習をし，正確にできているかを確認します。

STEP 2　練習

　最初の課題を配るときに，正しい頭書の練習をしましょう。手順をもう一度説明します。子どもたちが頭書を書いている間，教室をまわり，正確にできているか，確認します。手順に従っていない子どもがいたら，立ち止まって穏やかに正しいやり方を教えます。

　必要に応じて，手順を個人や小グループ，全体に対して再度説明します。手順通りにできている子どもを褒めます。

STEP 3　強化

　練習をすれば，この頭書の手順はすぐにルーティーンになります。手順を忘れた場合には，教室の前方のポスター掲示を見て思い出すよう，子どもたちに伝えます。

　手順を覚えるのがゆっくりしている子どもには，頭書のサンプルを机の上に貼っておくと役立ちます。正しいフォーマットがすぐそばにあれば，真似をするのも簡単になります。

子どものための手順

11 課題が終わらなかったら

*終わらなかった課題がある場合，簡単なシステムがあれば
子どもたちはいつでも状況を把握しておくことができる。
教師にとっても，課題の管理に役立つ。*

> **解決ポイント**
> クラスで課題に取り組んでいると，子どもによっては時間が足りなくなります。仕切りファイルのシステム，あるいは「進行中フォルダー」を使うことで，こうした途中の課題を管理することができます。

この手順は，以下の問題を解決します。

1. 終わらなかった課題を置き忘れたり，なくしたりする
2. 終わらなかった課題を探すのに時間が無駄になる
3. 子どもが自分の課題に責任を持たない

背景
　子どもたちは，やりかけの課題を机の中にしまいがちです。そうすると，机の中はあっという間に雑然となっていきます。作業途中の課題を決められた場所に入れるようにすれば，全員が秩序を保てます。あなたは，誰が課題を完了しなくてはならないかを把握できます。そのため，子どもたちは用紙をなくしたと言い訳したり，あるいはクシャクシャになった紙を提出したりすることはなくなります。

　ルイジアナ州，モンローのベス・フェザートンは，「進行中フォルダー」を使っています。時間がきても子どもたちの課題が終わらなかった場合，そ

CHAPTER 3

の課題は専用フォルダーに入れます。そして、作業を再開できるようになるまで、そのまま保管されます。

　子どもは机にしまってある自分の進行中フォルダーを、毎日帰る前に確認します。

　サラ・ジョンダルは仕切りファイルのシステムを採用しています。子どもが持っているそれぞれの番号順に、フォルダーは並べられています。

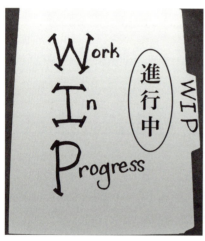

進行中フォルダー　　　　　仕切りファイル

手順のステップ

　仕切りファイルを教室の前方に置きます。それぞれの子ども用のハンギング・ファイルをつくります。子どもたちが自分のファイルを探しやすいよう、順番に並べます。

STEP 1　説明

> 1　子どもたちにファイルを見せ、1人1人に専用のハンギング・ファイルがあることを説明します。終わらなかった課題は自分のファイルに入れますが、どんなときでも3点より多くならないようにします。

> 2　課題を終えるのは各自の責任であると伝え，定期的に自分のファイルを確認するよう促します。

> 3　ファイルの中にある課題は，すべて翌日提出するよう指示します。もし3点以上に増えてしまったら，休み時間を使って終わらせなくてはなりません。あるいは宿題にして，翌日提出します。

> 4　毎日，それぞれが新しいファイルで1日を始めることを強調します。

STEP 2　練習

　仕切りファイルシステムについては，最初の課題を出すときに紹介しましょう。次の活動に移る時間になったら，子どもたちに作業をやめるよう指示します。「課題を終えていない人はいる？」と聞きます。

　その子たちにファイルの使い方のお手本を見せてもらいます。

　数名ずつ，自分の課題を持ってファイルの場所まで行くよう，指示します。そして1人ずつ，自分の専用ファイルを探してもらいます。入れる場所を間違えないよう，念を押しましょう。

　正しいファイルに課題を入れた子どもたちを褒めます。時間がかかりすぎる子どもがいたら，手を貸すようにします。ファイルがどういう順番に並んでいるのかを説明し，その子のファイルを見つけます。

STEP 3　強化

　それぞれの課題を終えるときに，終わっていない場合はファイルに入れるよう指示します。それぞれに責任を持って課題を完成させ，翌日提出するように伝えます。1日の中で，時間があれば課題の作業に使って構わないと伝えます。帰る前にファイルを確認し，まだ残っているものがあるか見ます。持ち帰って完成させるのも，子どもの責任であることを思い出させます。

CHAPTER 4
学級のための手順

CHAPTER 4

12 緊急事態のための準備

子どもの身の安全を保障するのは，あなたの重要な仕事の1つである。
災難に対する最善の防御は，全員が万一に備えていること。

> **解決ポイント**
> 　緊急事態が発生したときに，子どもたちに的確な指示ができるよう準備をしておくことは絶対に必要なことで，命を救うことにつながります。避難訓練の後に特別な活動を用意しておけば，子どもたちはクラスの流れにすんなりと戻ることができ，時間の無駄も防げます。

この手順は，以下の機会をもたらします。

1. 子どもたちと教師ともに，危機に対処する準備ができる
2. 緊急事態が発生したときにパニックや混乱を避けることができる
3. 教師は教室に戻ると，指導を再開できる

背景

　暴風雨や地震，火災，爆破脅迫，不審者の侵入などは，あなたの学校でも起こり得る緊急事態です。そう，あなたの学校でも起こり得ます。こうした事態は前触れもなく，穏やかで安全なあなたの教室の雰囲気を一変してしまいます。ですが，あらゆる備えをしておけば，あなたも子どもたちも慌てることはありません。

　子どもは非日常的なことが起こると，無関心になるか，あるいは過剰に興奮する傾向にあります。火災探知器が鳴り響いたときなどに顕著に表れます。こうした無関心や興奮は，**本当の緊急事態では，パニックとして表れることが多くなります。**ですから危機に際し，速やかに安全に行動する術を事

前に知っておかなくてはなりません。
　常に冷静でいること，用心深く行動することがいかに大切か，子どもたちと話し合うとよいでしょう。緊急事態のための手順に沿って行動することの大切さが，わかるはずです。

手順のステップ
　一瞬一瞬が生死を分けかねない状況のとき，全員の安全を守るには，準備が不可欠です。緊急事態が発生したときに，子どもたちが何をすればよいのかを理解し，落ち着いて行動ができるようにしましょう。次の3つのことを行います。
①緊急避難用バインダーを用意する
②避難ルートをハイライトした学校の地図を掲示する
③避難訓練の後，学習モードに戻るための活動を用意する

①緊急避難用バインダーを用意する
　以下の基本的な情報を入れたバインダーを用意します。

- ☑ 緊急事態のための手順
- ☑ 避難ルートをハイライトした地図
- ☑ クラスの名簿
- ☑ 必要な事務手続き

　バインダーはすぐに取り出せる場所に保管し，子どもたちと代理の教師が保管場所を把握していることを確認します。

②避難用ルートをハイライトした学校の地図を掲示する
　教室のドア，あるいはドア付近に地図を掲示しておくことで，いざというとき，すぐに避難ルートを確認できます。子どもたちや教師にとって，救いの手となるかもしれません。

CHAPTER 4

③避難訓練の後,学習モードに戻るための活動を用意する

　まずは避難訓練をする前に,避難訓練の終了後はどのように子どもたちを学習モードに戻すか,考えておきましょう。避難訓練の非日常的な雰囲気から,どうすれば子どもたちを落ち着かせ,学びを継続できるでしょうか?

　以下に,いくつかの具体例を挙げておきます。

- **クラスでの話合い**

　クラスでの話合いの時間を設け,避難訓練について話し合いましょう。うまくいったこと,もっとうまくできることを指摘します。子どもをたちにも気付いたこと,どうすれば改善できるかを問いかけましょう。

- **作文活動**

　作文の題を見せて,そのテーマで文章を書いてもらいます。

- **言葉の壁**

　興味深い言葉のリストを見せます。子どもたちは意味,例文,反意語,同義語などを考えます。

- **授業を再開する**

　中断したところから授業を再開します。

STEP 1　説明

1. 実際の緊急事態の危険について子どもたちと話し合います。避難訓練の大切さを強調し,命を救うためのものであることを説明します。
2. 学校で決められている避難の手順を説明します。それぞれのステップの目的も話し,なぜ,そういう行動が求められているのか,子どもが理解できるようにします。そうすることで,子どもは協力的になります。
3. 学校の地図を使って避難ルートを見せます。子どもたち全員が,どのように避難するのか理解していることを確認します。

- 廊下,階段では右側通行を守る
- 1列で移動する
- 速やかに移動し,他のクラスの友達を待つことはしない
- 静かに,大人の指示を聞く

子どもは，以下の重要な情報を知っておかなければなりません。

☑ どのルートを通るのか
　➡ もし廊下や階段，吹き抜けに名前や番号が付いているなら，子どもたちが知っていることを確認する。
　➡ もし指示に基本方位が使われているなら，子どもたちが東西南北の方角を把握していることを確認する。
☑ どこで集合するのか
　➡ 万一，子どもがクラスメイトとはぐれても，どこに行けばよいのかをわかるようにしておく。

4．子ども1人と，予備にもう1人を次の仕事のために指名しておきます。

・緊急の場合，クラスの避難誘導をする
・電気を消し，ドアを閉め，責任を持って最後に教室をあとにする

5．集合場所では，順番に並ぶよう指示します。番号システムを採用している場合，子どもたちは自分の前後が誰かを把握しているでしょう。名前ではなく番号を呼ぶことで，全員が揃っているかを早く確認できます。
6．全員が揃っていることが確認でき，はっきりとした合図があったら，子どもたちを教室に戻します。クラスに戻ったらすぐに用意していた活動を開始します。クラスの意識が学習に戻ったら，その日の授業を再開しましょう。
7．子どもたちに，これは練習ではあるものの，実際に緊急事態が発生したら，安全を守るために，今回のステップ通りに行動するよう伝えます。実際に災害が起こると，私たちは緊急時のための準備がいかに大切かを知ります。命に関わるような状況では，何をすべきだったかの確認に時間をかける余裕はありません。

STEP 2　練習

手順を説明した後，時間をとって1つ1つ確認します。

- ☑ 子どもたちを連れて廊下の正しい側を歩き，階段を通り非常口まで行きます
- ☑ 避難訓練の集合場所を示します
- ☑ 順番に並ばせます
- ☑ 教室に戻します
- ☑ 手順を守ったことを褒めます
- ☑ すぐに準備していた活動に移ります

STEP 3　強化

　子どもたちに，見ていて気付いたことを伝えます。うまくできていたこと，もう少しうまくできることなどです。クラス全員が，緊急時に何をすればよいのかを理解できるまで，練習を繰り返します。

　避難訓練の予行練習もしましょう。一区切りついたタイミングがいいでしょう。月初め，四半期の初め，学期初めなどです。緊急事態に備えることは，あなたと子どもたちにとってルーティーンになるべきです。

　もし，新しい子どもがクラスに加わったら，その子どもに緊急事態に向けた手順を説明します。そしてその機会を捉えて，クラスの避難訓練のリハーサルを行うことも検討しましょう。

　緊急時に備える練習は時間の無駄に思えるかもしれませんが，危機に際しては，成すべきことをわかっていることで，命が助かる場合があることを子どもたちに説明します。さらに，避難訓練が行われても，中断された授業がなくなるわけではないことも伝えます。**戻ってからの活動で，子どもをたちは学びに意識が戻り，教師は授業を再開できます。**緊急事態に備える目的は命を救うためだと理解すると，子どもたちは協力的になります。

13 子どもの注意を引く

子どもを注目させるときの合図を事前に決めておくことは，時間の節約になり，叫んだり，頼み込んだりすることを防ぐ。

> **解決ポイント**
>
> 子どもたちの注意を引く一貫した方法があれば，クラス内の混乱は減り，騒々しくなってきたときには，速やかに静かにさせることができます。注意を引くのに子どもの品位を傷つけることもないので，子どもの威厳は保たれます。合図はプロフェッショナルな，思いやりのある態度で出されるので，教師の威厳も保たれます。

この手順は，以下の機会をもたらします。

1. 子どもの注意を引くとき，穏やかでいられる
2. 一貫した合図を使うことで，誰でもクラスの注意を引くことができる
3. 子どもの注意を引くのに無駄な時間を使わない

背景

子どもの注意を引くために，闘いのようになることが多すぎます。教師はだんだんと忍耐力がなくなり，声を張り上げて子どもの声を吸い上げて静かにさせようとします。

子どもの注意を引くための合図は，どんなものでも構いません。合図を準備して，それを守るよう，手順を説明しましょう。「こちらに注目してもらえる？」と穏やかに言うシンプルな合図でもいいのです。

CHAPTER 4

　子どもはシンプルな動詞の指示によく反応します。たとえば「よく聞いて！」，手を叩く，チャイムを鳴らすなどです。あるいは手を挙げるなどのビジュアルな合図も有効です。

　注目する際の合図を子どもたちに教えましょう。合図を出すときは自信を持ち，静けさを期待しましょう。静かになるのを待ちます。教室が静かになったら，子どもたちに感謝し，指導を続けます。

　教室の環境によっては，子どもたちの注目を集めるのに二種類以上の方法が必要かもしれません。合図がどんなものでも，紛らわしさを避けるため，目的だけに使うようにします。

　あなたのクラスの子どもたちと活動する他の指導者にもこのテクニックを教え，注目してほしいときに使うよう奨励しましょう。

手順のステップ

　あなたが自信を持って使うことができ，子どもたちにわかりやすい合図を選びます。これは子どもの学年や教科によっても，変わってくるでしょう。シンプルなのは，子どもたちに向かって「こちらに注目して！　お願い」「みんな，聞いてもらえる？」と言うことです。

STEP 1　説明

　注目の合図を知らせます。言葉での合図を使う場合は，「みんな，聞いてもらえる？」と聞こえたら，3つのことをするよう，伝えます。

> ■3つの指示
> 1. 何をしていても，すぐにやめる
> 2. 教師を見る
> 3. 指示をよく聞く

　言葉を使わない場合は，合図を見せ，同じように3つの指示に従ってもらいます。

STEP 2　練習

　手順の練習を行います。まず，隣の子どもとおしゃべりをしてもらいましょう。頃合いを見て，合図を出します。はっきりと自信に満ちた声で「みんな，聞いてもらえる？」と言います。ステップを1つずつ声に出し，「していることをやめること」「あなたを見ること」「指示を聞くこと」を実行させます。
　もし，子どもたちが速やかに反応しない場合には，この手順を正しく行えるよう，補足説明をします。
　手順に従った子どもたちを褒めましょう。

　もう一度練習します。今度は，何人かもの子どもに席を離れるよう指示します。合図をし，ステップの説明はせずに見守ります。子どもたちを観察し，手助けが必要な子どもにはアドバイスをします。子どもたちがあなたに注目するのを待ちます。これが手順の成功のカギです。**クラス全体が完全に静かになり，全員の目があなたのほうを向くまで，話し始めないようにしましょう。**

　静かになるまで，時間がかかりすぎるようなら，手順を思い出すように伝え，全員が従うことがどうして大切なのかも説明します。
　全員がきちんと手順に従うまで，練習を繰り返します。
　授業でグループ学習をしているときなど，いい機会があれば再度この手順を練習しましょう。

STEP 3　強化

　子どもたちが速やかに注目してくれたことに，感謝します。1日の終わりに，手順をとてもよく守ってくれたことを褒めましょう。この手順は，注目してほしいときに，あなたが毎日使うものであるということを再度知らせます。

CHAPTER 4

14 学級での仕事

　仕事があると子どもは責任を持ち，ここは「自分の場所だ」という感覚を持つようになる。家庭以外の自分の場所，それが教室なのである。

> **解決ポイント**
>
> 　子ども1人1人が仕事をする役割を持っていると，教室は全員のものになります。そして責任感，規律，チームワーク，クラスに対する誇りが浸透し，前向きな学びの環境を確立するのに役立ちます。

この手順は，以下の機会をもたらします。

> 1．教室をきれいに保つのに必要な，日々の業務を行う
> 2．教師が清掃業者にならないようにする
> 3．子どもたちの間にチームワークと責任感を育む

背景

　図書『Miss Malarkey Doesn't Live in Room10』(『マラキー先生は10番教室に住んでない』Judy Finchler 著，Kevin O'Malley イラスト，Bloomsbury USA)を使って，クラスの仕事の概念を説明します。物語を読み終わったら，あなたは教室に住んでいるわけではないということを，子どもたちと話し合いましょう。教室では全員で助け合い，毎日きちんと学ぶ準備を整えなければならないと説明します。1人1人が仕事を持って，教室の準備に貢献します。毎日の仕事をこなし，教室の準備を整えるにはチームワークと責任感が必要です。学級開きの1週目から始めましょう。

　仕事の割り振りには，『仕事の輪』（ジョブ・ホイール）というツールを使ってもいいでしょう。公平性，透明性を確保できます。『仕事の輪』を使

い，1週間毎に仕事をまわしていきます。子どもたちは様々な仕事を順番に体験できます。

手順のステップ

　教室は，それぞれに違います。あなたの教室の仕事リストは，同僚のものとは違うはずです。毎日行う仕事もあれば，1週間に1回の仕事もあるでしょう。あなたが，自分のクラスの仕事リストをつくりましょう。小学校の教室には，クラスの全員が毎週できる仕事が十分にあります。中学校では，全員が少なくとも月に1回は仕事がまわるようにします。**どんな仕事でも，リストに載せるのにささやかすぎるということはありません。**

仕事のリスト例

・教師のアシスタント	・学級文庫委員
・宿題キーパー	・黒板消し係
・代理のアシスタント	・図書委員
・子どものリーダー	・電気係
・旗を持つ係	・備品係
・出欠委員	・得点キーパー
・用紙をまわす係	・机チェッカー
・用紙を回収する係	・整理棚チェッカー
・整列リーダー	・セーター委員
・朝のミーティングのリーダー	・テクノロジー・アシスタント
・ランチ係	・日付変更係
・植物係	・転入生歓迎係
・鉛筆削り係	・飼育係
・窓を開ける係	・ゴミ委員
・窓を閉める係	・校庭遊具の委員

CHAPTER 4

　自分の仕事リストから、『仕事の輪』をつくりましょう。

『仕事の輪』（ジョブ・ホイール）のつくり方

1	2	3	4
丈夫な厚紙から、大きな円形を切り取ります。	大きなパイを切るように円に線を引き、すべての仕事用に枠をつくります。	仕事のタイトルを書き込みます。	木製の洗濯バサミに子どもの名前を書き、それぞれの仕事の枠にはさみます。

　子どもは自分の名前を探し、その週の仕事を把握します。洗濯バサミは毎週、その週の終わりに時計まわりに動かしていきましょう。

　『仕事のリスト』を学級の掲示板に貼り、子どもたちがいつでも確認できるようにします。

『仕事の輪』
（ジョブ・ホイール）

■掲示する『仕事のリスト』に載せること
- ☑ 仕事の名称
- ☑ 仕事の説明
- ☑ いつ仕事をするのか
- ☑ どのくらいの頻度で仕事をするのか

STEP 1　説明

1. きれいな居心地のいい教室のほうが、不潔で秩序立っていない教室よりも気持ちよく学べることを話し合いましょう。クラスの全員がチーム

として，教室の学びの準備を整えるために協力していくことを伝えます。
2．全員が，特定の仕事を一定の期間受け持つことを発表します。
3．『仕事のリスト』を見せましょう。何をいつまでにするのかを伝えます。きれいで心地よい教室を保つために，全員が平等に役割を担うことを説明します。
4．『仕事の輪』を見せましょう。見方を説明し，毎週仕事が変わることを伝えます。
5．子ども1人1人の名前を読み上げ，最初の週の仕事を発表します。それぞれに，仕事の内容について発言してもらいます。もし，わかりにくいところがあるようなら補足説明をします。

STEP 2　練習

ロールプレーで，子どもたちに様々な仕事を順番に練習してもらいます。クラス全体に，仕事は正確に行えていたかを質問します。同じ仕事を，全員が順番に行うことになることを，説明します。『仕事の輪』と『仕事のリスト』は，いつでも確認できることを伝えます。子どもたちがすばらしい練習をしてくれたことに，感謝します。

STEP 3　強化

日々のスケジュールに，教室を整える時間を組み込みましょう。ほとんどの仕事は，授業や1日が終わったときに行うものです。子どもたちがクラスの仕事を行う時間に一貫性を持たせましょう。

最初の1週間は，子どもが仕事を始めるまでに，声をかけたり，『仕事の輪』や『仕事のリスト』を見てもらったりすることが必要かもしれませんが，すぐにルーティーンになります。

CHAPTER 4

15 学級の電話が鳴る

学級の電話についての手順があれば，教師は子どもの指導に集中できる。すぐに電話に出て，授業の流れを切ることはない。

> **解決ポイント**
> 教室の電話が鳴ったとき，教師はすぐに出られるとは限りません。手順を確立し，その場合誰が電話に出るのか，相手に何を伝えるか，他の子どもたちは声の大きさをどうするかがわかるようにしておきます。

この手順は，指導と学びの中断を最小限にとどめ，以下の問題を解決します。

1. 教師が忙しい場合，誰が電話に出るのか
2. 電話が鳴ったら，教室の音量レベルを下げる

背景

授業の最中や子どもに支援しているときなどに電話が鳴ったら，気が散ります。そのときに行っていることを中断して電話に出たら，授業の妨げになることは言うまでもありません。手順を確立し，電話が鳴った際にどう対処すればよいのかを子どもに知っておいてもらいましょう。そうすることで，教室での学びに対する影響を最小限に抑えることができます。

手順のステップ

教室の電話のところに紙と鉛筆を準備しておき，誰が出てもメモがとれるようにしておきます。電話の横に小さなメモを用意し，子どもに電話で使ってほしい言葉を書いておきます。

学級のための手順

> **シナリオ1**
> - ＿＿番教室です。生徒が出ています
> - 少々お待ちください。先生に伝えます
> - ただ今，先生と代わります
> - 先生は授業が終了後に，折り返しお電話を差し上げます。どちら様でしょうか？
>
>

　子どもたちと作業しているのでなければ，あなたがいつでも電話に出ることを伝えます。この手順は，あなたが電話に出られないときのためのものです。

STEP 1　説明

1. 教室の電話が鳴ったら，もし話しているときにはささやき声に声のトーンを落とすよう指示します。

   ↓

2. 電話に一番近い子どもが電話に出ます。走ってとりには行きません。これは競争ではありません。

   ↓

3. 「＿＿番教室です。生徒が出ています」と話すよう指示します。

CHAPTER 4

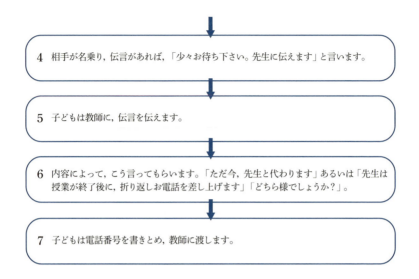

STEP 2　練習

　電話の台詞を黒板に書き，子どもたちに読み上げさせましょう。あなたが電話をかけた人の役になり，練習します。教室の電話が鳴った際のやりとりの手順の見本を見せます。あなたが電話をかけた人の役になり，子どもたち全員に，台詞を読んでもらいます。何人かの子どもに「電話」役になってもらい，やりとりの練習をします。

　もし，教室の電話が鳴ったら，作業を続けながら，声だけはささやき声にするよう伝えましょう。

STEP 3　強化

　あなたが出られない状況で最初に電話がかかってきたとき，していることをやめ，電話に出ている子どもに注目しましょう。

　電話が終わったら，クラス全体に対してどのように手順が正しく行われたか，あるいは正しくないところがあったかを説明します。子どもの言動で改善すべきところがあれば，次回は気を付けるよう伝えましょう。

学級のための手順

16 トイレ休憩

授業時間は学びに使う。私用は休み時間に行うべき。ただ緊急の事態は起こるので，できるだけ授業の妨げにならないよう，手順を用意しておく。

> **解決ポイント**
>
> 授業中にトイレに行きたいという子どもがいるたびに許可を与えていると，授業の流れが途切れます。子どもがトイレに行くのにどのくらい席を外すかを記録するのも，時間の無駄です。ここは，子どもに責任を持たせましょう。「パス・システム」を使ってトイレの利用をモニターします。

この手順は，以下の機会をもたらします。

1. 授業中の子どものトイレ休憩を管理する
2. 子どもが教室から出て行くときに，授業が中断されるのを防ぐ
3. 休み時間に個人的な用事はなるべく済ますよう，子どもたちに奨励する

背景

トイレに行きたいなど，子どもからの個人的な要求に対応することで，授業の流れを止めることはありません。ポケット・チャートを使うことで，子どもたちに管理を任せましょう。

ポケット・チャートは教室の壁にかけておきます。それぞれの子ども用にポケットがあり，名前か番号のラベルでわかるようになっています。ポケットの中には，トイレ・パスのセットを入れておきましょう。

CHAPTER 4

　パスの数は，子どもの年齢と1か月の登校日を考慮して計算します。たとえば通常の1か月の場合，パスは4枚としてもいいでしょう。
　ただし休暇や祭日などがあり，授業日数が少ない月は，2枚にするなど調整します。
　このパスは，子どもがトイレに行くなど，短時間席を外す際に使います。

手順のステップ

　マイクロソフト・ワードや似たようなシステムで，トイレ・パスのファイルを作成しましょう。こうしておけば，必要に応じて更新したり，毎月印刷したりするのも簡単にできます。
　チャートにはポケットを付けます。ポケットには子どもの名前か番号を書きます。
　1か月分のトイレ・パスを印刷し，切って揃え，それぞれの子どものポケットに該当分を入れます。この仕事は教室ヘルパーの仕事として子どもに任せてもいいでしょう。
　学級開きの際に，トイレ休憩の手順を説明して子どもたちに安心してもらいましょう。

実際にアメリカの学校で使われているパス

ポケットに子どものパスを入れておく

学級のための手順

STEP 1　説明

1. 子どもたちに，トイレ・パスのポケット・チャートを見せます。全員分のポケットがあり，名前か番号が書いてあることを知らせます。
2. 毎月，月初めに全員に同じ数のパスが与えられることを説明します。このパスは，授業中にトイレに行くために教室を出る，**「一時的なチケット」**です。
3. チケットのセットを，例として取り出します。それぞれに子どもの名前が書いてあることを見せ，自分のパスしか使えないことを伝えます。
4. トイレに行くときには，このパスを持って行くことを説明します。
5. まず，壁にかけてあるポケット・チャートから自分のパスを1枚取り出します。
6. 静かに教師のところに持っていきます。
7. もしトイレに行くのに適切なタイミングなら，あなたはパスを半分にちぎり，子どもの名前が書いてあるほうを手元に残します。パスが半分に切られたら，子どもは教室を出ていいという合図です。
8. もし，タイミングがよくなければ，そのまま子どもにパスを返します。子どもはパスをポケットに戻し，いいタイミングが来るまで待ちます。**緊急の場合は，例外とします。**
9. この手順は，学びの中断を最小限にすることを説明します。
10. ポケットにパスが残っている限り，トイレ休憩をとることができます。
11. トイレ・パスは1か月分です。もし全部使い切ってしまった場合，適切なタイミングで教師の許可を得ます。改めて時間をとってその子どもと話合いの場を持ち，何か教師が知っておくべき体調の問題がないかを確認し，自己管理についてもアドバイスをします。
12. もし子どものパスが余ったら，特別な活動用にためておくことができます。たとえば6枚で，ランチタイムの映画上映などが考えられます。子どもにとってインセンティブになる活動を考えましょう。そうすれば，授業時間ではなく，なるべく休み時間やランチタイムにトイレを使うようになるでしょう。使わなかったパスの管理は，子どもに任せます。

13. トイレから教室に戻ってきたら，すぐに席につき授業に集中するよう指示します。席を外していた間の学びについては，各自が責任を持つようにします。
14. 名前が書いてあるパスはあなたの机に置き，**緊急事態が発生した場合，誰が教室にいないのかを確認できるようにしておきます。**
15. どんなときでも，一度に教室を離れる子どもは，たとえば男女それぞれ1名ずつというようにルールを決めておきます。

STEP 2　練習

　トイレ休憩をリクエストする場合の，パスの使い方の見本を見せます。チャート・ポケットのところに行き，パスを取り出しましょう。それを教師のところに持って行って許可をもらうことを，実践しながら声に出して説明します。

　子どもを指名し，見本を見せてもらいます。パスを持って教師のところに行くときには，授業やクラスメイトの邪魔にならないよう，静かに行うよう指示します。

　子どもはすぐにパスの使い方を理解し，タイミングを図るようになるでしょう。あらかじめ教師が何かを説明しているときや，他の子どもの手助けをしているときなどを避けるようになります。

　また，休み時間やランチタイムに，トイレに行くことの大切さを理解するはずです。子どもはインセンティブがあれば，なるべくパスを使わないようにします。

STEP 3　強化

　子どもによっては，トイレに行く許可を求めるのに，静かに目立たないようにするのに，練習が必要かもしれません。子どもたちが手順を覚え，従っていることに感謝しましょう。

　仮に手順を忘れる子どもがいたら，別の子どもを指名し，正しい手順を思い出す手助けをしてもらいます。

学級のための手順

17 鉛筆を削る（取り替える）

芯の丸くなった，あるいは折れた鉛筆は，
速やかに静かに取り替えることができる。
そのために指導時間を中断することはない。

> **解決ポイント**
> 鉛筆削りの前に子どもが列をなしたり，あなたが子どもに余分な鉛筆を持ってくるよう指示したりする必要はありません。怒らずに，学びの時間を無駄にしないようにしましょう。

この手順があれば子どもは新しい鉛筆で速やかに学びを再開でき，以下の問題を解決します。

> 1．子どもが鉛筆を削る音が授業の妨げになる
> 2．子どもが芯の削られた鉛筆を見つけられない
> 3．子どもの机の中に芯の折れた，あるいは丸まった鉛筆がたまっていく

背景

鉛筆の芯が丸まったり折れたりするのは，よくあることです。だからといって，子どもが芯の折れた鉛筆を振りまわして「鉛筆が折れました。新しい鉛筆がないと書けません！」などと声を上げる必要はありません。他の子どもたちの邪魔になりますし，クラスでの学習が中断され，学びの時間が無駄になります。

「教室の鉛筆削りを自由に使ってもよい」としている教師もいます。このやり方の問題点は，鉛筆を削る音が１日中響き渡りかねないことです。

CHAPTER 4

　また，子どもは鉛筆を削る順番を待つ間，おしゃべりをしがちです。さらに教室は雑然となってしまいます。
　シンプルな手順を示すことで，子どもはクラスメイトに影響を与えることなく，速やかに代わりの鉛筆で勉強を再開することができます。

手順のステップ

　教室の後ろ，あるいは横に「**鉛筆ステーション**」を設けます。教室の前方にしてしまうと，子どもが何度も前に歩いていくことで他の子どもは集中力を失い，学習に身が入らなくなる可能性があります。

　鉛筆ステーションには2つの缶を置きましょう。それぞれに「使った鉛筆」「新しい鉛筆」とラベルを貼ります。
　使った鉛筆の缶には，子どもたちが芯の折れた，あるいは丸まった鉛筆を入れます。新しい鉛筆の缶には，子どもたちが使えるよう，削った鉛筆を入れておきます。
　自分の机に，小さな鉛筆削りを持っている子どもも多いでしょう。こうしたものを使うことで，鉛筆の削りカスが子どもの机の中や周辺に散らばることがあります。授業中に使うことで，気が散る子どももいるかもしれません。

STEP 1　説明

1　子どもたちに鉛筆ステーションの2つの缶を見せます。鉛筆の芯が折れたり，丸くなったりして，新しいものが必要な場合，使った鉛筆を頭の少し上に持ち上げるよう，合図します。静かにしたままで，鉛筆は振りまわさないようにします。

2　あなたは鉛筆の合図に気付きます。もし，あなたが首を振ったら，鉛筆を取り替えるタイミングを待つように，という合図です。うなずいたら，新しい鉛筆に交換して構わない，という許可の意味です。

> 3 子どもは，鉛筆ステーションまで静かに歩いていき，使った鉛筆の缶に芯の丸くなった鉛筆を入れ，新しい鉛筆の缶から削ってある鉛筆を取るよう指示します。そして静かに席に戻り，もとの作業を再開します。

> 4 子どもたち全員が，順番に鉛筆係になることを伝えます。授業や1日の終わりなど適切なタイミングで，鉛筆係は使った鉛筆の缶の中の鉛筆を削り，新しい缶に移します。

STEP 2　練習

　何人かの子どもたちを指名し，鉛筆を取り替えるお手本を見せてもらいます。

　子どもたちにポジティブな言葉をかけ，必要に応じて修正すべき点を穏やかに伝えます。

　「鉛筆を交換しているとき，みんなの邪魔にならないようにしてくれてありがとう」などが言葉かけの例です。次にもし鉛筆の交換が必要になったら，同じやり方をするよう指示します。

STEP 3　強化

　この手順の目的は，子どもが学習に必要なものを手にするときに，極力授業への影響を少なくすることだと伝えます。

　毎日，すぐに使えるように筆記用具をクラスに持ってくるのは，各自の責任です。ただ鉛筆を忘れたり，授業中に新しいものが必要になったりしたら，この手順に従うようにします。

CHAPTER 4

18 机を整頓された状態に保つ

机を整理するためのツールを，必ず子どもに提供する。
作業場所を整理するシンプルな1分間の手順を教え，
厄介な業務ではないことを理解してもらう。

> **解決ポイント**
> 　自分の机を整理することが習慣化した子どもは，自分の作業場所を誇りに思います。さらにそのスキルを，生活の他の場面でも生かすことでしょう。1週間に1回きれいに拭き，毎日1分間きれいにする時間をつくるだけで，作業場所は学ぶ準備の整った場になります。

この手順は，以下の機会をもたらします。

> 1．机まわりが雑然とせず，整理されたままに保たれる
> 2．子どもは必要な教材をすぐに取り出せる

背景

　子どもが机の中を引っかきまわし，中身の大半を出してようやくお目当てのものを探し出し，中身をまた元に戻す，という光景をよく見かけます。机がゴタゴタしますし，他の子どもの気も散ります。しかも習慣化してしまう傾向にあるようです。こうした子どもが学ぶ準備をしている間，整理のできている子どもは座って待っています。その間にも貴重な学びの時間が浪費されていきます。

手順のステップ

　整理された机とはどういうものか，見本をつくります。この見本を写真に

撮り，紙に印刷しましょう。机の様々なパーツを矢印で示し，それぞれに指示を書きます。たとえば，「ルーズリーフはバインダーに入れます」「鉛筆とペンはすべて筆記用具入れにしまいます」「ハードカバーの本はワークブックも含め，1か所にまとめます」などです。

子どもたちに，様々なラベルの付いたフォルダーを提供します。宿題フォルダー，採点された用紙のフォルダーなどがあれば，紙が雑然と机を塞ぐのを避けられます。

STEP 1　説明

1　整理された机の見本の写真をコピーし，子どもたちに配ります。それを見てもらいながら，机が整理されていると物を探しまわるストレスが減ることを強調します。

2　忙しい学校生活の中で，机が整理されているとみんなの時間が無駄にならないことを説明します。誰かが教科書や用紙，鉛筆などを探している間，待たずに済むからです。

3　1分間ずつ，折を見て手早く机を片づける時間をとれば，机を整理された状態に保つのは楽になります。対してずっと雑然としたままで，帰るころに慌てて片づけようとしても中々うまくいきません。

4　ラベルの付いたフォルダーを配付し，それぞれの目的を説明します。

5　筆記用具入れを配り，中に何を入れるべきか話します。物を取り出したりしまったりするとき以外は，閉じておくよう，説明します。

6　教室では清潔さが大切なので，毎週月曜日の朝は，配られたウェット・ティッシュで机を拭くことを指示します。

7　机の中にあるいらない紙は，すべてゴミ箱に捨てるよう伝えます。

STEP 2　練習

　手順を説明した直後に，何人かの子どもにウェット・ティッシュを配り，机を拭くお手本を見せます。それから全員にウェット・ティッシュを配り，同じように各自の机を拭いてもらいましょう。様子を観察し，必要に応じて声をかけます。

　整理された机の見本を見てから，1分間の片づけをするよう，指示します。タイマーをセットして，1分間待ちましょう。それぞれのフォルダー，筆記用具入れには何が入るのかも，再度説明します。

　子どもたちが片づけをしている間，教室を見てまわり，指示どおりにうまくできている子どもを褒めます。1分間経ったら，決められた時間内に全部は整理できなかったとしても，1分前よりずっとよくなっていると話します。

　これからも，自分で少し時間があると思ったら1分間，机の整理をすることをすすめます。たとえば教師が用紙を配っている間や，授業の課題が早く終わったときなどです。

　もう1分時間をとり，子どもたちが片づけを終えるのを見守りましょう。

　整理に手間取っている子どもがいたら，他の子どもに見本通りに片づける手伝いをしてもらえるよう，頼みます。全員の机が片づいたら，ウェット・ティッシュを配り，机の上を拭くように指示します。ティッシュと他の不要な紙は，退出するときに捨てるように伝えます。

STEP 3　強化

　理想的なのは，クラスの仕事の1つを「机の魔術師」とすることです（手順14：P.118参照）。授業や1日の終わりの数分間，机の魔術師の仕事は，子どもたちの机の中をさっと見てまわることです。整理ができていない机を見つけたら，その子どもの肩をそっと叩いて片づけが必要なことを知らせます。

　あなたが子どもの座席のところで作業するときには，机の整理ができていることを褒めましょう。もし，整理に手助けが必要であれば，放課後に教室に残ってもらって個別に指導します。

19 プリントを集める／配る

子どもたちの座席を指定しておくと，プリントを集めたり，回収したりする際に役立つ。子どもたちが手順を覚えれば，指導時間がより有効に使える。

> **解決ポイント**
> プリントを配ったり集めたりするのは，できるだけシンプルにすべきです。指導時間を中断させる，大仕事になってはいけません。子どもたちが用紙の集配の手順を覚えたら，指導時間が浪費されることはなくなります。

この手順は，以下の機会をもたらします。

1. 用紙を集めたり配ったりするのが，早く，簡単になる
2. 採点や記録，返却のためにプリントを管理するのが楽になる

背景

「プリントをまわしてもらえる？」というフレーズは，学校では1日に何度も繰り返される言葉でしょう。ルーティーンになっているにもかかわらず，**多くの教師はこの作業を負担に感じています**。クラスの人数や1週間の課題の量にかかわらず，毎年何千という用紙を扱っていて，その間に指導時間がかなり失われているのです。

| 子どもの数に比例してプリントの数も増えていく ||||||
| 子どもの数 | 課題の数 | 扱うプリントの数 |||
		1 週間	9 週間	1 年間
25	5	125	1125	4500
150	2	300	2700	10800

教師によってはカゴやトレーを用意し，子どもが教室に入ってくるときに宿題をそこに提出するようにしています。この方法を使えば指導時間は失われませんが，用紙の順序がばらばらなので，採点の際に教師の仕事は増えます。この方法を採用している教師は，以下のようなやり方もしているかもしれません。

> 1．教室で個別にプリントを配って歩き，その間子どもたちは座って待つ
> 2．プリントをトレーに返却し，子どもたちに退出の際に自分の分を探して持ち帰るように言う（大混乱につながる）
> 3．あるいは子どもたちに，プリントの返却を任せる――集中力が失われ，1枚1枚返していくときに無用なおしゃべりが始まる

こうしたやり方は子どもにとって効率がいいとは言えませんし，教師にとっても同じです。ただ，多くの教室では，教師の机の上に用紙でいっぱいのカゴが置いてあるのが実態です。

手順のステップ

教室の机を列に揃えましょう。子どもたちの座席を指定し，アルファベット順か，クラス番号順にします。

==座席は横に順番に指定し，用紙を回収したときに順番通りになるようにします。==

学級のための手順

プリントを集める

子どもたちには、後ろから前にではなく、横方向にプリントをまわすよう、指導します。縦にまわすと以下のような問題が起こることがあります。

> - **教師は子どもたちの背中で何が起こっているのか、見えません。子どもは紙を振りまわしたり、背中を突いていたりすることがあります**
> - **縦の列のほうが、人数が多いのが一般的です。人数が多いと時間もかかり、指導の時間が奪われます**

つまり、<u>縦方向にまわすのは時間も余計にかかる上に、より授業の妨げになる可能性があるのです。</u>

プリントを集めるときの流れ

自分のプリントを上に重ね、右の席の机に置きます。すべての用紙が右端に集まったら、後ろの席から前にまわします。このときも、まわってきた束の上に、手元の束を重ねます。座席１にプリントが集まると、用紙は番号順に揃っています。

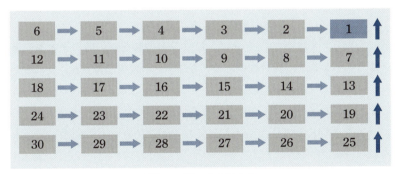

正しいプリントの集め方

プリントを配る

プリントが順番通りに回収されたら、配るときにも同じ順番にします。一番端の机の列に用紙の束を置き、横にまわしてもらうことで子どもの手元に

自分の用紙が戻ります。

　机がグループに分かれているときは，グループの中の1人に用紙を集めます。教師，あるいは指名された子どもが，各グループの用紙を回収します。用紙を確認して返すときには，グループ毎に配り，指名された子どもがそれぞれの子どもに渡します。

STEP 1　説明

1. まず，**プリントの上に自分の用紙を置き，まとめて隣の席の机の上に置く**やり方を見せます。各列の左端，または右端の子ども1人に（どちらからまわしてもらうかによって変わります。あなたが決めましょう），**隣の子どもの机の上に用紙を置いて**もらいます。紙をまわすときに，ひらひらさせたりしないよう，手渡しは禁じます。
2. 次の子どもは，**自分のプリントを受け取った紙の上に重ねます。そして隣の席の子どもの机の上に置きます。**この手順を逆の端の子どもの席まで，繰り返します。
3. 用紙がまわっているときは，集中するよう，指示します。そうすれば混乱したり，用紙が床に落ちたりすることはありません。
4. すべての列の子どもたちに，同じ手順でプリントをまわしてもらいます。**横方向に，反対側に端にいくまでです。**
5. 一番後ろの列の端の子どもに，**プリントの束を前の席の子どもに渡すよう指示します。**受け取った子どもは手元の束を上に重ね，前にまわします。これを最前列の子どもがプリントを受け取るまで続けましょう。用紙はアルファベット，あるいは番号順に揃っているはずです。
6. 一番前の端にいる子どもから，あなたが決めた通りの順番に揃った用紙の束を受け取ります。

STEP 2　練習

　子どもたちに，定められた形式で紙に頭書を入れるよう，指示します（手順10：P.102参照）。用紙の手順の流れをおさらいするために，いくつか質問をして，手の合図で回答してもらいます。ここで，質問に対する手の合図の

回答例を見せます。

> 1．どちらの方向に用紙をまわしますか？
> 2．自分の用紙はどちらに重ねますか。上か下か，どちらでしょう？
> 3．先生が受け取るのに，用紙の束はどちら方向にまわされてきますか？

　子どもたちに手順通りに用紙をまわしてもらいます。机から机へと紙がまわる間，見守ります。必要に応じて，やり方を正しましょう。手順に従っている子どもたちを褒めます。

　次に，子どもたちに用紙を返すと伝えます。用紙の束の一番上の紙を取り，自分の名前を確認して，自分の分だけを取るよう指示します。もし1列に5名いたら，5名分の用紙を右端の子どもに渡します。わかりやすく一番上にある自分の用紙を取った子どもは，残りの用紙を左隣の机に置きます。次の子どもも，一番上にある自分の紙を取り，左隣の机に置きます。一番左の子どもの机に，用紙が置かれるまで続けます。

　用紙を集めるのと配るのとを，子どもたちが覚えたと思うまで，練習しましょう。

STEP 3　強化

　この手順は，これから用紙を集めたり，返したりするたびに使うことを伝えます。最初の数回は，部屋の横に行き，各列で手順がきちんと行われているかを確認します。

　子どもたちが用紙の扱いに慣れ，正確にできるようになったら，さらに効率よくできるようにします。用紙の回収や配付にかかった時間を計り，その推移をグラフにしましょう。あなたが教えているクラスそれぞれに，他のクラスよりも速く，一番になれるよう励ましましょう。

CHAPTER 4

20 移動

「子どもたちが混乱するうちに時間を無駄に使ってしまう」。
これは簡単に防ぐことができる。
1つの活動から次へと移る方法を，子どもたちに教えればいい。

> **解決ポイント**
> 　教室移動がスムーズにできれば，学びの流れは1日中途切れることはありません。業務を終えて次に移るとき，指示がないと学びの時間が失われてしまいます。「移動の合図」があると子どもたちは，効率よく動くことができます。

この手順は，次の機会をもたらします。

1. 子どもたちは，教室間の移動，教室内の移動ともにスムーズにできるようになる
2. 学びの時間が有効に使える
3. 子どもたちと教師で資料の準備をする

背景

　移動は，1つの活動と次の活動の間をつなぐものです。子どもによっては，移動を難しく感じます。3つのことを行うことになるからです。
　移動が行われることを，少なくとも2分前には子どもたちに知らせましょう。特に自閉症やADHD（注意欠陥多動性障害）の子どもたちにとって，これは大切なことです。

学級のための手順

移動に伴い，子どもは３つのことを行う

手順のステップ

移動をスムーズに行うカギは，**指示の明確さと簡潔さ**です。指示は短く，シンプルに，簡単に実行できるものにしましょう。

| １．教室内のスムーズな移動を計画する | ２．余裕を持って教材の準備をする |

１．教室内のスムーズな移動を計画する

教室で子どもたちを，１つの活動から次の活動へと移行させるときに使う合図を考えましょう。

あなたの決めた合図を，子どもたちに紹介します。合図には，「これでなければ」というものはありません。日々，何度も移動があることを考えて，あなたが使いやすいものにしましょう。いくつか一般的に使われているものを挙げておきます。

☑ 音楽をかける	☑ 色で合図をする
☑ ベルを鳴らす	☑ 手拍子
☑ 声に出してカウントダウンをする	
☑ カウントダウンを視覚的に見せる	

141

あなたの学級に一番合う合図を決めて，それを一貫して使いましょう。

　子どもたちには，活動時間がどのくらいあるのかを，あなたが常に知らせることを伝えます。また，「残り時間のお知らせ」もするべきです。そうすれば，子どもたちは静かにまとめの作業をしてから，終了時間を迎えることができます。急に終わってしまうと，子どもたちは慌てることになります。

　作業を始めるときに，次の活動の移動までにどのくらい時間があるのかを，子どもたちに知らせます。

> 　今から10分間で，この数学問題のページを，隣の席のパートナーと一緒に解いてください。最後の問題を終えるのに，終了前1分になったら，知らせます。
> 　10分間経ったら，この曲がかかります（曲の冒頭を流し，確認させる）。
> 　曲が始まったら，静かに数学問題のページを回収にまわし，文学サークルの本を出します。曲は3分間続くので，聞こえてきたらすぐに数学から読書へと切り替えを始めてください。
> 　慌てる必要はありません。3分間あれば，数学問題ページをまわして，文学サークルの本を取り出すのは，十分に余裕を持ってできます。
> 　みんなが曲を楽しめるように，静かにしていることを忘れないようにしましょう。ありがとう。では始めてください。

　子どもたちは，活動にどのくらいの時間があるのかが，あらかじめわかり，移動前に予告されることで，時間をうまく使うことができます。あまり慌てずに，楽に移動を行えるようになるのです。また，移動の合図は楽しいものにするのがいいでしょう。そうすれば，合図を聞くこと，移動の時間自体も楽しくなります。

2．余裕を持って教材の準備をする

　教材は事前に準備しておきましょう。効率よく配付することで，子どもたちも早く作業に取り掛かれます。配付の方法はクラスの人数や部屋の使い方，配付しようとしているものがどのようなものかによって変わります。

学級のための手順

STEP 1　説明

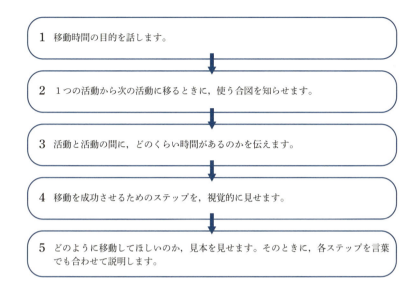

1　移動時間の目的を話します。

2　1つの活動から次の活動に移るときに，使う合図を知らせます。

3　活動と活動の間に，どのくらい時間があるのかを伝えます。

4　移動を成功させるためのステップを，視覚的に見せます。

5　どのように移動してほしいのか，見本を見せます。そのときに，各ステップを言葉でも合わせて説明します。

STEP 2　練習

　子どもたちに，課題に取り組んでいるふりをしてもらいます。移動の合図を実行します。子どもたちの動きに合わせ，ステップの説明をします。うまく行えるよう導き，必要に応じて修正しましょう。子どもたちに理解できたかどうか，そして，自分たちだけで移動ができるかを確認します。

　もう一度，子どもたちに作業するふりをしてもらい，合図を出します。今回は子どもたちだけで，移動を行ってもらいます。必要に応じて手の合図や壁に貼ってある指示を示します。声は出さないようにしましょう。移動時間が終わったら，手順に従ってくれたことに感謝します。

STEP 3　強化

　実際に移動するとき，合図がどういうものだったかを再度伝え，事前に移動の手順を説明します。

　移動の度に「ありがとう」と伝えることで，子どもたちは，あなたがみんなの行動と，それを正しく行っているかを把握していることを理解します。

CHAPTER 4

21 課題に取り組ませる

活動の手順は，子どもたちの元気がよすぎるときに，
適切な「加減」を示してくれる。

> **解決ポイント**
> 活動によっては，子どもたちがあまりにも元気がよすぎて，作業中の振る舞いが目に余ることがあります。「STOP（ストップ）戦略」は，こうしたときにクラスの雰囲気を学びにふさわしい状態に戻すのに，とても効果的です。

この手順は，以下の機会をもたらします。

1. 騒々しい，学びと関係のない行動をなくす
2. クラスを学びにふさわしい雰囲気に戻す

背景

参加型の探究的な活動をしていると，子どもたちがつい熱中してクラスの手順を忘れてしまうことがあります。休暇や特別な行事の前日などにも，子どもたちがワクワクして，元気がよすぎることがあります。騒々しくふざけて，活動に取り組んでいない場合，あなたはすぐに合図をしなくてはなりません。そうした行動は不適切だと理解させ，学習に戻るよう促すためです。

手順のステップ

この手法は，1人の子どもが他の子どもたちの妨げになっているときではなく，クラスの大半の子どもたちが学びと関係のない行動をしているときにのみ，有効です。

学級のための手順

　この手順は，必要を感じたタイミングで子どもたちに教えましょう。最初からこの手順を持ち出すと，「あなたは子どもたちが騒々しくなると思っている」という誤ったメッセージを伝えることになってしまいます。

　問題解決には，黒板に大きな活字体でSTOP（ストップ）と書きます。クラスがタスクを離れる度に，文字の上に斜線を引きます。4つの文字すべてに線を引かなくてはならなかった場合は活動を一旦中止して，もう少し系統立ったものに変えましょう。

　バックアップ用の活動は，常に用意しておきます。子どもたちが落ち着くように，各自が1人で行うものにしましょう。例をいくつか挙げます。

- ☑ 練習問題のプリントを完成させる
- ☑ 各自，好きな本を読む
- ☑ 作文をする

　使うことはないかもしれませんが，バックアップ・プランの準備はしておきます。

STEP 1　説明

1. STOPの方法を，最終手段として説明します。子どもたちが騒がしくなり，学習から離れていたら，静かにさせる合図を使います（手順13：P.115参照）。静かに作業に集中するよう，伝えます。
2. もし子どもたちが，それでも作業に戻らないようなら，黒板に「STOP」と書きます。そして騒がしくなったり，学習から離れたりするたびに，1文字ずつ上に斜線を引いて消していくことを伝えます。
3. すべての文字が斜線で消されたら，活動を中止し，静かな学習に切り替えることを説明します。バックアップの活動については説明する必要はありませんが，準備だけはしておきましょう。
4. クラスが騒々しくなり，子どもたちが学習から離れるたびに，「静か

に」という合図を使います。STOPの文字の1文字を消し，穏やかにかつ有無を言わせない調子で「文字が1つ，消えました」と言いましょう。大きな声を出したり，文字が消えた理由を説明したりする必要はありません。子どもたちは，わかっているはずです。
5．残りが最後の「P」の文字だけになったら，きちんと活動に取り組めることを示すチャンスは，あと1回しかないことを伝えます。**最後の文字を消すのを，ためらわないようにしましょう。文字を消すと言いつつ，行わないのでは，全く効果がありません。**
6．子どもたちが態度を改めたら，机間指導を行いつつ，そのことに感謝します。文字は黒板に残したままにしておきます。
7．最後の「P」の文字が消えたら，バックアップの活動に切り替えましょう。作業は静かに行うこと，授業中に終わらなかった作業は宿題になることをはっきりと伝えます。
8．説教は行わないようにします。もし何か言ったほうがいいと感じたら，「みんなの行動と騒がしさは，許されるレベルを超えていました。また明日にでも，もう一度きちんとやってみましょう」と簡潔に言うくらいで十分です。

STEP 2　練習

STOPの手順には，練習はないことを子どもたちに伝えましょう。この手順は騒音レベルや行動レベルを，学びにふさわしい基準まで下げる必要があるときにのみ，使います。黒板にSTOPの文字が書かれたら，それは子どもたちが態度を改善しなければならないという合図なのです。

STEP 3　強化

　次の日に，同じ活動をもう一度行います。おそらく子どもたちの態度は大幅に改善され，静かにタスクに取り組むことでしょう。
　この手順を行うと，最後の「P」まで消されることは，その後なくなるはずです。楽しい参加型の探究学習が個別学習と宿題に変わるのは，ほとんどの子どもにとって大きな痛手となるとわかるからです。

22 課題が早く終わったら

子どもたちの時間を，最大限に学びに生かすため，
早く課題が終わったら取り組むべきリストをつくっておく。

> **解決ポイント**
> 　仮に子どもが課題を早く終えてしまい，何もすることがないと，生産的であるべき授業時間は無駄になってしまいます。問題行動が起こる可能性もあります。こうした時間を黙読に充てる教師が多いと思いますが，それ以外にも方法はあります。

この手順は，以下の問題を解決します。

1. 課題を終えた子どもが何もしない
2. 授業時間の使い方の効率が悪い
3. 学習を行っていない子どもに注意する
4. 「終わりました。次は何をすればいいですか？」という質問が出るのを避ける

背景
　課題に取り組んでいる子どもは，学んでいます。子どもたちが次の課題を待つ間はやることがなく，他の子どもたちが終えるまで手持ち無沙汰になってしまうと，教師の仕事が増えるのが普通です。子どもたちに何かさせようと，教室内をかけずりまわることになるからです。
　「はじめに」と「終わったら」という表をつくっておけば，早く課題を終えた子どもが，やることがなくて困ることはなくなります。あなたも，「子どもに何かさせなければ」と焦ることなく指導を続けることができます。

「はじめに」と「終わったら」の表

はじめに	終わったら
1．課題に取り組む	1．仕掛かりのファイルを確認する
2．見直しをする	2．フォルダーの中の作文に取り掛かる
3．提出する	3．棚から自由時間の活動を選ぶ
	4．本を読む

手順のステップ

　教室に掲示して見えるくらいの大きさの，T字型の表をつくります。一方を「はじめに」とし，もう一方を「終わったら」とします。

　「はじめに」の欄には，作業でやるべきことをリストにします。番号を振り，作業を終える優先順位を示します。

　「終わったら」の欄には番号を振る，箇条書きにするなどの方法で，作業後の活動や課題をリストにします。「はじめに」の作業を終えた子どもたちは，リストから好きなものを選んで構いません。

　この表は，教室の見やすい場所に掲示しておきましょう。

STEP 1　説明

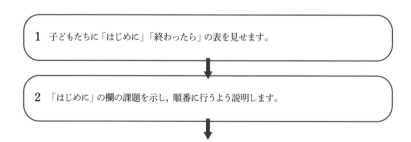

1　子どもたちに「はじめに」「終わったら」の表を見せます。

2　「はじめに」の欄の課題を示し，順番に行うよう説明します。

3 「はじめに」の課題が完了した後は,「終わったら」の欄から好きなものを選んで構わないと伝えます。

4 両方共,クラスでの課題が終わった後,他の子どもたちが終えるのを待つ間に行うものだということを明確にします。

5 リストはいつも同じではないことも説明しましょう。1年を通じ,項目は追加されたり,削除されたりします。変更があったときには,あなたがそのことを知らせることも伝えておきましょう。

STEP 2　練習

　子どもたちがそれぞれの作業を行っているときに,作業が終わったら「はじめに」「終わったら」の表を見るように指示します。

　作業を終えた子どもについては,「終わったら」の課題をしっかり行っているかを観察します。手順に従っている子どもを褒めます。

　もし,作業を終えても手順に従っていない子どもがいたら,子どもの注意を引いて微笑み,表を示します。指示に従ったらうなずくことで,よくやっていることを伝えましょう。

STEP 3　強化

　課題の作業時間が終わり,次の授業が始まる前に,子どもたちに時間を効率よく使うように,話をします。「はじめに」「終わったら」の表は毎日掲示されているので,作業が終わったら確認するよう,伝えます。

CHAPTER 4

23 宿題未提出の届け出

> 責任カードがあると，子どもたちは未提出の宿題に対して責任を持って報告するようになる。そしてあなたも，未提出の宿題を受け取り，ファイルで管理できるようになる。

解決ポイント

責任カードには，子どもが宿題を提出しないときの理由を書いてもらいます。これを導入することで，子どもの宿題提出率は劇的に改善されます。保護者面談のときにも，大変役立ちます。もし成績が悪い場合，この書類を保護者に見せることで説明が簡単になるからです。

この手順は，以下の問題を改善します。

1. 未提出の宿題に対して，書類がない
2. 未提出の宿題に対して，責任を持たない

背景

子どもがどうして宿題を提出してきていないのか，すべてを記憶しておくのは不可能です。そのためのお助けツールを使いましょう。責任カードは子どもたちのデータを管理するのに便利です。

教師は，いつものルーティーンが乱されることはありません。子どもが自分で責任を持って，カードに詳細を記入するからです。

「ピンク・スリップ」（※解雇通知の意味）は教師の間で評判になりました。これはチェロンダ・セロイヤーが提唱しているもので，『The First Days of School』（『世界最高の学級経営』）についている無料の DVD でも紹介しています（※邦訳版には DVD は付いていない）。

ことの始まりは、ベテラン教師が物品の整理をしていて、ピンク色の紙の束をチェロンダにあげたことでした。チェロンダは教師として最初の1年が終わろうとしているところで、「クビ（ピンク・スリップ）になったらどうしよう」と不安に思っているところでした。そしてピンク色の紙を見た瞬間、その思いが鮮明に胸に迫ってきたのです。

幸いそんなことにはならずに、彼女は指導に「ピンク・スリップ」を使うことを思いつきました。

チェロンダは、次のように言います。

> この手順はもともと、マディソン・シティ学区のリバティー・ミドル・スクールの教師カーラ・ヘンソンから「拝借」したものです。私のクラスに合うように変更を加えて、取り入れることにしました。そして、この改良版を「ピンク・スリップ」と名付けたのです。
>
> 私にとっては、すばらしく効果的でした。大事な資料になりますし、子どもたちは宿題に対して、より責任を持って取り組んでくれるようになりました。また、私には知り得ない、貴重な情報を子どもが共有してくれる手段ともなっています。
>
> なぜ、子どもが宿題を提出しなかったのかをミーティングで説明するとき、それぞれの課題について説明資料があるので、きちんと管理できている、自分は有能でプロフェッショナルだと感じることができます。「なぜ、宿題を忘れるのかしら」などと思い悩むことはなくなりました。
>
> **子どもにとっても、なぜ自分が宿題を提出しないのかを説明する機会があるのは大切なことだと思います。** この用紙は、子どもたちの声を聞かせてくれます。私が心から心配していることも伝わります。
>
> 用紙の選択肢の1つに、「宿題をやらないことにした」というものがあります。**子どもたちには、私たちが毎日意識的に「選択をしている」ということを知ってもらいたいのです。** ただ宿題をやらないことにした場合、その選択に対する責任は本人が負わなければなりません。
>
> 子どもたちはこうしたことをよく理解し、好意的に受け止めてくれることがわかりました。

> 一方で，この用紙に記入しなくて済むよう，全部終わらなくても頑張って宿題に取り組むようにもなりました。何か提出したほうが，成績が下がる心配がないため，ずっといいからです！

手順のステップ

　ピンク・スリップは，最初の宿題を出す日に説明します。翌日，宿題を提出できない場合，この手順が適用されることになります。ピンク・スリップはピンク色の用紙に印刷しましょう。以下のような欄をつくります。

☑ 日付　　　　　　　　☑ 名前

☑ クラス　　　　　　　☑ 未提出の課題

☑ 宿題が未提出の理由
　➡宿題は終わらせたが，教室に持ってきていない
　➡宿題をしないことにした
　➡宿題をやるのを忘れた
　➡家に適切な資料がなかった
　➡その他──説明を書いてください（スペースをあける）

☑ 子どもの署名欄　　　　☑ 保護者の署名欄（任意）

STEP 1　説明

1．子どもたちにピンク・スリップの説明をします。
2．子どもたち全員にピンク・スリップを配り，いつ使われるのか，どのように記入するのかを説明します。
3．宿題をやらないことにしたときには，ピンク・スリップに記入して宿題が回収されるときに提出するよう指示します。
4．未提出の場合は「M」（missing，なし）と記録されることを知らせ，きちんとした評価を受けられるよう，宿題を終わらせることを伝えます。

5．ピンク・スリップを提出することによる**ペナルティーはない**ことを，しっかりと伝えておきます。宿題を提出しないことで，評価が受けられないだけです。
6．宿題は責任を持って完成させ，提出するものだということをきちんと理解させるようにしましょう。それでも，宿題を完成させなかった場合に罰することはしません。
7．あなたのクラスにいる間は，ピンク・スリップは保管されることを知らせます。もし，宿題の未提出が続くようなら，保護者面談の場で使われることもあります。

STEP 2　練習

　ピンク・スリップが使われる場合の見本を見せます。子どもが宿題を提出しないとき，あなたは以下のことをします。

・子どもの机の上にピンク・スリップを置きます
・用紙に記入し，他の宿題と一緒に提出するよう指示します
・未提出の課題に対し，「M」と記録します
・ピンク・スリップをファイルしておきます

　宿題をしてこなかったと仮定し，子どもたちにピンク・スリップを記入してもらいます。誰かの用紙を選び，声に出して読み上げます。正しく記入されていたことを伝えましょう。宿題を集めるときと同じように，用紙を回収します。正しく記入されているかを確認し，追加の説明が必要な子どもには1対1の対話の時間を設けます。

STEP 3　強化

　翌朝，ピンク・スリップの手順のステップを再度説明します。宿題を集める時間になったら，ピンク・スリップが必要な人はいるかを尋ねます。必要な子どもに用紙を渡し，子どもが用紙に記入する時間をとってから宿題を集めます。時間があれば，正しく記入されているかの確認も行います。

CHAPTER 4

24 1日の終わりの言葉

1日の終わりにはその日に起こったことや学びを振り返り，終わりの言葉を述べる。

> **解決ポイント**
>
> 1日の振り返りがあると，子どもが家に帰って「学校で何もしなかった」と感じることはなくなります。このテクニックを使うと，あなたは子どもや保護者と日々の活動，学びや宿題について共有できます。毎日の終わりに，わずか数分の時間をとるだけです。

この手順は，以下の機会をもたらします。

1. 子どもたちと日々の出来事を振り返る
2. 子どもたちに宿題や，これからの予定について思い出してもらう
3. 保護者に学校での活動が伝わる
4. 保護者と子どもの話のきっかけになる

背景

学校では毎日，活動や授業が詰まっています。子どもは家に帰って保護者に「今日は特に何もなかったよ」と言うかもしれませんが，そんなことはないことを，教師は知っています。

保護者：今日は学校で何をしたの？

子ども：何にも！

「1日の終わりの言葉」は，1ページの半分の長さのメモで，教師が日中準備し，下校時間の前に読み上げます。短い時間でその日の授業や活動を振り返り，先の活動等に目を向けさせ，宿題を忘れないよう伝えるよい機会で

学級のための手順

す。また学校と家庭との貴重なコミュニケーション・ツールにもなります。

　終わりの言葉は，あなたがかけられるだけの時間にし，簡潔で構いません。1日の主だった出来事だけを，取り上げましょう。テンプレートをつくっておき，簡単な業務にします。以下は，サラ・ジョンダルの終わりの言葉の例です。

1日の終わりの言葉

1月15日
今日は，以下のようなことを行いました。

朝，リーディング・グループ・セッションを行いました。
1．新しい物語を読み，新しい言葉を覚えました。
2．形容詞についても学びました。名詞を修飾するのが，形容詞です。
3．お家の方と一緒に，続きを読みましょう。
4．今晩，家で本を読むときに，物語の中の形容詞を探しましょう。

算数では，割り算／掛け算の表の続きを勉強しました。
1．今日は割り算を集中して行いました。
2．グループに分かれて割り算のゲームをしました。
3．家でフラッシュカードで，練習を続けてください。

パラグラフを書く練習をしています。
1．今日はトピック・センテンスを書くこと，それをサポートする内容を続けて書くことを学びました。
2．すべてのパラグラフには，結びの1行が必要なことも忘れてはなりません。
3．1つのパラグラフでは，1つの主題だけを扱います。
4．家でパラグラフを書く練習をしてみてください。

今晩の宿題です。
1．割り算と掛け算の算数のプリントを，解いてきてください。
2．形容詞のページをまとめてください。
3．綴りの勉強をして，保護者の方と本を読むのも忘れないようにしましょう。

この後も，楽しく過ごしましょう！

手順のステップ

　あなたの「1日の終わりの言葉」用にテンプレートをつくります。こうしておくことで，日々の作業が手早くできます。様式は，自分のニーズに合わせて決めましょう。

CHAPTER 4

「1日の終わりの言葉」のテンプレート例

1日の終わりの言葉
　　　　日付
今日は以下のようなことを行いました。
リーディングでは…
算数では…
ライティングでは…
今晩，宿題には…
忘れないでほしいのは…
　　　　　また明日ね！

クラスのまとめ
　　　　日付
今日，（教科）で私たちは…
1.
2.
3.
今晩の宿題は…
1.
2.
3.
締め切りの迫っている課題は…
　　　　　ではまた明日！

　テンプレートがあると，日中の時間の空いているときに空欄を埋めることで「1日の終わりの言葉」が作成できます。

STEP 1　説明

> 1　学級開きの日の終わりに，子どもたち全員に「1日の終わりの言葉」を配ります。「これから毎日読み上げるものです」と伝えましょう。

学級のための手順

> 2　「1日の終わりの言葉」を読む正しい手順を説明します。子どもたちが順番で，読む役に選ばれます。他の子どもたちも続けて，声に出して一緒に読みます。

> 3　音読が済んだら，教材と一緒に家に持ち帰るように指示します。毎日家に帰ったら保護者に，責任を持ってこの紙を渡すよう伝えます。

> 4　保護者への手紙の中で，毎日「1日の終わりの言葉」が持ち帰られることを知らせていることを，子どもたちに伝えます。保護者から用紙を見せてほしいと言われるかもしれない，と子どもも理解します。

STEP 2　練習

　子どもたち数名を選び，あなたが「1日の終わりの言葉」を読んだ後に続けて声に出して読んでもらいます。次に，全員で読むことを説明します。読んでくれた子どもたちに，手順の正しいやり方をみんなに見せてくれたことにお礼を言います。

　用紙を家に持ち帰る他の教材とまとめておき，家では保護者と共有するように伝えます。

STEP 3　強化

　「1日の終わりの言葉」の音読のときに，加わっていない子どもがいたら，「1日の終わりの言葉の手順は？」と聞きましょう。

　あなたが期待している通りに手順を理解しているかを確認します。

　1人，あるいは複数の子どもで，手順をもう一度練習します。「正しくできた」と思うまで繰り返します。

　新学期が始まって最初に家庭とのコミュニケーションの機会があったときに，保護者に「1日の終わりの言葉」を子どもが毎日持ち帰っていることを話題にします。

CHAPTER 4

25 ガイドライン違反の通知

「子どもがクラスのガイドラインやルールを守らない」。
そんなとき，すぐに対応できる手順を準備すべきである。
そうすることで教師は違反を認識しつつ，指導を続けられる。

> **解決ポイント**
>
> 「ガイドライン違反の通知」があれば，問題のある態度を，クラス全員の前で注意することなく対処できます。当事者の子どもと個別に面談し，心から心配していることを伝え，一緒に解決策を考えることができます。

この手順は，以下の問題を解決します。

> 1. 子どもの不適切な態度に対応するため，指導時間が削られる
> 2. 子どもと対立したり，不適切な行動に対する誤った臆測をしたりする

背景

子どもが教室で不適切な行動をとった場合，教師は一般的に次の2つの態度のうち，どちらかを取ることが多いでしょう。その行動を見なかったことにするか，クラス全員の前で，対立するような形で指摘するかのどちらかです。どちらのやり方をとっても，指導時間が無駄になってしまいます。

見なかったことにしてしまうのでは，貴重な指導の時間が失われます。不適切な行動はクラスの妨げになっているからです。

何も対処しないということは，その行動が不適切ではない，ということを伝えてしまいます。さらには，「こうした場合に対処する術を知らない」と

子どもたちに思われても仕方ありません。つまり，何もしないと子どもの行為はさらにエスカレートし，職員室に呼び出すような事態になりかねず，指導の時間は確実に奪われます。

　あらかじめ手順を整えておけば，子どものネガティブな態度はエスカレートせず，教師や子どもたちにとって健全かつストレスフリーな環境を保つことができます。
　対立的な態度で子どもをみんなの前で注意して辱めるのは，教師にとっても子どもにとっても，決していい結果にはなりません。自尊心が傷つけられ，教師も子どもも，不満や怒りといった感情にとらわれてしまいます。こうした感情は毒のように教室の雰囲気を害し，学びを妨げます。
　全員の前で注意された子どもは，教師よりも多くを失います。子どもは，そうした教師の態度で「面目を失う」くらいなら，あえて懲戒的な行動を受け入れることがあるのです。

　この手順では，あなたは子どもに対して**懸念があることを密かに本人に知らせ，放課後に時間を取ってもらいます**。そうすれば，穏やかに話合いができます。
　子どもが目立つ行動をとるときには，大体において理由があります。家庭生活でストレスがたまっていたり，眠かったりするのかもしれません。それでやる気をなくしたり，クラスメイトの注意を引こうとしたりするのかもしれません。ときに，より深い問題が潜んでいる可能性があり，保護者と話をしたほうがいい場合もあるでしょう。
　子どもたちのネガティブな態度を，単にあなたを困らせたいからだとは捉えないようにします。そう考えてしまうと感情的になり，子どもが抱えている本質的な問題が見えてきません。
　放課後に子どもと話し合えば，どうして子どもが目につく行動をとったのか，理解が深まるはずです。
　学年や状況によっては，**「ガイドライン違反の通知」を当日，子どもの持ち帰り用フォルダーに入れ，家に持ち帰らせましょう**。

CHAPTER 4

手順のステップ

　ガイドライン違反の通知をカードや色紙でつくり，いつでも使えるよう，ストックしておきます。以下のアイデアを参考に，どういう情報を入れるかを決めます。

- ☑ 子どもへの指示の項目。たとえば「態度を改めてください」「作業に戻ってください」
- ☑ 子どもの態度を記載するスペース
- ☑ 放課後，教師と面談する指示
- ☑ 子どもの署名欄
- ☑ 保護者の署名欄
- ☑ 子どもと教師の面談の結果を書くスペース

名前 _____　日付 _____

☐ 態度を改めてください　　☐ 作業に戻ってください
☐ 放課後，面談に来てください

ガイドライン違反 _____
_____

面談の結果 _____
_____

署名 _____　☐ 保護者の署名 _____

メモ：
_____

ガイドライン違反の通知例

学級のための手順

　ガイドライン違反のお知らせは困った態度を穏やかに示し，この問題に対処する時間を最小限にとどめます。

STEP 1　説明

1　子どもたち全員にガイドライン違反の通知を配ります。

2　この用紙がいつ，どのように使われるのかを知らせます。子どもが不適切な行動をとったら，あなたは以下のことを行います。
- ☑ 適切な項目に印を付ける
- ☑ 子どもの態度を書き留める
- ☑ 何も言わずに，用紙を子どもの机の上に置く

3　不適切な態度が教室で発生すると，みんなの学びの時間が失われることをしっかりと話します。そうした行動をとるときには，何か理由があるかもしれないということを，あなたはわかっています。みんなの前で注意して，恥ずかしい思いをさせることはしません。もし必要なら，放課後に話合いの場を持ちます。

4　不適切な態度が繰り返されたり，指導を無視したりするようなことがあれば，教師との面談があることを説明します。面談になるかどうかは，子どもの態度次第です。

5　もし，不適切な行動をとることを選んだら，ガイドライン違反のお知らせが交付されることを子どもたちに伝えます。この用紙は子どもの机の上に静かに置かれ，あなたは授業を続けます。

6　もし，用紙の面談のところに印が付いていたら，子どもは放課後に面談をしなければなりません。面談では違反について話し合い，結論を出します。

7　子どもは用紙に署名することで，違反行為を認めます。

STEP 2　練習

　子どもを指名し，クラスのルールを破るロールプレーをしてもらいます。

　ガイドライン違反の通知に，あなたがどのように印を付けるのかを説明します。

　次のステップについて，子どもに尋ねます。放課後にあなたと面談をするという確認をとります。うなずくだけで十分です。

　この用紙は，書類として保管されることを伝えます。保護者面談のときにも使われます。

　手順のプロセスや用紙について質問がないかを聞きます。

　必要に応じて，もう一度手順を繰り返します。

STEP 3　強化

　最初の違反が起こったとき，手順通りに進めます。もし，子どもが不思議そうな顔をしたら，「ガイドライン違反の手順はどういうもの？」と応じましょう。

　放課後，個人面談で必要に応じて，さらにはっきりと説明します。

学級のための手順

26 朝の会

朝の会で1日を始めると，教師と子どもたちは信頼感のある状況でコミュニケーション・スキルを磨く練習に臨める。この時間は，子どもたちが不安に思っていることに答えること，1日の学びの目的を説明すること，これからの行事等のお知らせなどに充てる。

> **解決ポイント**
> 朝の会での話合いは，問題解決の方法について子どもたちに教えるいい機会です。こうしたことは，子どもたちの人生を通じて役立ちます。

この手順は，以下の機会をもたらします。

1. クラスがまとまり，絆が深まる
2. 日々のスケジュールを確認する
3. もし子どもたちが問題を抱えていれば，その話合い
4. 先の出来事について話す

背景

朝の会はいつでも，好きな頻度で実施して構いません。そのメリットは，学級がチームとしてまとまることです。

朝のルーティーンの後に行われ，10分以内で終わるのが一般的です。その日の予定を共有し，もし，重要な活動や行事などが予定されていれば，それも知らせます。

子どもが何か気になっていることがあれば，何でも聞いて構わない時間にします。校庭での争いがあったこと，クラスの手順が守られていないことなども，議題となります。こうした問題に対して，具体的な名前は出さずに，

クラス全員で解決法について話し合います。

朝の会の終わりには，始まりの課題について触れ，全員にとってすばらしい1日であることを期待していることを伝えます。

手順のステップ

朝の会の時間を決め，教室で行いましょう。子どもたちがどこに，どうやって座るかを決めます。**全員が顔を合わせられる形（楕円，円，正方形など）で，全員がグループの一員だと感じられる配置が理想です。**

朝の会の流れを決め，一貫してその通りに行うようにします。子どもたちにわかりやすいように，流れは掲示しておきましょう。

朝の会の流れ
1. お互いに挨拶をする
2. 朝のメッセージを読む
3. 1日のスケジュールを確認する
4. これからの活動・行事の確認
5. 子どもたちの心配ごとの話合い
6. 始まりの課題の確認

STEP 1　説明

1. 朝の会の目的を話し，クラスにとってどういうメリットがあるかを説明します。問題について話すときには，特定の人の名前は出さないことを伝えます。
2. あなたが事前に決めておいた場所，形式で集まるよう子どもたちに指示します。
3. 朝の会の流れの表を見せ，朝の会はいつも同じように進めることを話します。
4. 朝の会は毎回，決まった形式で座って，お互いに挨拶をすることで始めることを説明します。

5. まず，自分の右の子どもに「おはよう，クリス」と言います。クリスは「おはようございます。ジョンダル先生」と答え，それから右隣りのクラスメイトに挨拶をします。このやり方で一周すると，挨拶があなたのところに戻ってきます。
6. あなたが，始めの言葉を読み上げます。今日という日がなぜ学ぶのに最適かを表す事柄でも構いませんし，その日に学ぶことの説明でもいいでしょう。
7. その日のスケジュールを説明し，先の日程で大事な活動や行事があれば，それも伝えます。
8. 子どもたちに問題があれば共有するように促し，話合いを始めます。特定の人の名前は口にしないよう，念を押します。まずは例を挙げて，お手本を見せます。話合いは短く簡潔にし，言いたいことがある子どもが全員発言できるようにします。1つの問題を長々と話し合ったり，同じ話を繰り返したりすることは避けましょう。
9. 最後に始まりの課題を確認して朝の会を終えます。
10. 結びの言葉として，1日を楽しく過ごすよう伝えましょう。
11. 通常の座席に戻るよう指示します。

STEP 2　練習

　最初の朝の会では，子どもたちがバランスよく座っていることを確認してから，正しい配置についていることを褒めましょう。
　「朝の会の流れ」がどこに掲示されるのかを確認し，事前にあなたが朝の会をどのように進めるか，考えておくよう伝えます。

　話すときには，特定の人の名前は言わないようにすることを再度伝えます。話合いの最中は，わかりやすく話を進めた子どもを褒めます。**どこがよかったのかを具体的に言いましょう。**たとえば「メアリーは○○について心配に思っていることを，わかりやすい言葉を使って話してくれました。とてもよかったです」などです。

CHAPTER 4

　最初はあなたが朝の会のリーダー役をすること，次からはリーダー役が順番にまわることも話します。

STEP 3　強化

　あなたが掲示した流れに沿って，朝の会を行います。そうすることで，子どもたちは自分がリーダー役をつとめるときには，同じようにすればいいものと安心します。

　子どもたちが個人名を全く出さずに，効率よく問題について話せるようになるまでには，少し時間がかかるかもしれません。この朝の会で目指していることの1つは，人の気持ちを傷つけたり，誰かと対立したりせずに問題を解決する方法を学ぶことだと伝えましょう。

　リーダー役を子どもに任せても大丈夫だと思えたら，あなたは子どもに交じって朝の会に参加するようにします。

「コの字型」の座席で朝の会を行っている様子

CHAPTER 5
指導のための手順

CHAPTER 5

27 クラスでの話合い

クラスでの話合いをどのように行うか，決めておくべきである。まずは全員が自分の考えや感じたことを，安心して話せるよう声をかける。子どもたちはいつ話をし，いつ話を聞くべきなのか，そして，相手を尊重してそれらを行うことを学んでいく。

> **解決ポイント**
> 子どもたちは，話合いに参加するに当たって，安心した状態であるべきです。自分が話しているときに，誰かがかぶせるように話してきたり，話を遮ったり，感情を害するような態度をとったりするのではないか，と不安にならないようにします。子どもたちが人の話を真摯に聞くことを覚えると，学ぶこと，吸収することが多くなります。

この手順は，以下の問題を解決します。

1. クラスの話合いで，話す子どもに偏りがある（順番でないのに発言する子ども，自分ばかり話す子ども，あるいは全く参加しない子どもなど）
2. 話合いのときに，子どもがクラスメイトを尊重しない
3. みんなの前で話すことに，自信を持てない子ども
4. 安全で信頼できる環境だと，子どもたちが思えない教室

背景

受け身で反応するタイプの教師は，子どもが発言する順番を乱さないかどうかに意識を集中させています。イニシアティブをとる教師は，クラスの全員が，順番に発言できるかどうかを気にしています。

指導のための手順

　教室は安全な場所で，子どもたちが安心して話合いに参加できるところです。全員の前で話すのが他の子どもより得意な子どもは，必ずいます。ですが話合いの場で，そうした子どもばかりが話すのはいけません。**おとなしい子どもにも，考えを共有することを奨励すべきです。**そして，自分が話しているときにみんなが聞いてくれるとわかれば，そうした子どもたちも話しやすくなります。遮ったり，聞いていなかったり，軽視したりするような態度は，誰もとらないと全員が共有することが大切です。

　あなたの受け持っている子どもたちの年齢によって，指名する手法は適切なものを選びましょう。幼い子どもであれば，トーキング・ツール（クッシュボールやビーン・バッグ，ぬいぐるみなど）を使って，お互いを尊重することを学ぶことができます。子どもが話をしていいのは，トーキング・ツールを持っているときだけです。他のみんなは話している人を見て，静かにその話を聞きます。**誰が話す番なのかが，目に見えてわかったほうが話し合いはうまく進みます。**

　トーキング・ツールを使うと，教師も子どもたちの参加状況を目で確認できます。クラスの話合いで，トーキング・ツールがまわされると，話している子どもに偏りがあるとはっきりとわかります。トーキング・ツールが安心感をもたらすので，子どもたちは話合いに積極的に参加するようになり，話合いも有意義なものになっていきます。

トーキング・ツールがあると，誰が話しているのかを注目させるのに役立つ

手順のステップ

　話合いにトーキング・ツールを使う場合，何よりも安全な物であることを確認しましょう。クラス全体，あるいは小グループでの話合いにはガイドラインが必要です。ガイドラインには，以下のリストにある項目のどれを入れてもいいでしょう。

■トーキング・ツールを使う際のガイドラインの項目例
- ☑ トーキング・ツールを持っているときだけ，話ができます
- ☑ 目も耳も，話している人のほうに向けましょう
- ☑ お互いを尊重します。話している人を尊重し，その人もお返しに他の人が話しているときは，その人を尊重します
- ☑ 教室は安全な場所です。安心して話合いに参加しましょう
- ☑ 話したいときは手を挙げて，トーキング・ツールがまわってくるのを待ちます
- ☑ トーキング・ツールは，下手でそっと渡します
- ☑ トーキング・ツールを渡す前には，受け取る人の名前を言いましょう。そうすれば受け取る準備ができます

　他にも子どもを指名するテクニックはあります。子どもの名前を書いた棒や紙を金魚鉢などの入れ物に入れておき，引いて指名するというのも簡単なやり方です。

　インデックスカードに子どもたちの名前を書いておき，あなたが話合いを進行し，子どもを指名するのに使ってもいいでしょう。

木の棒
クラス全員分の名前が書いてある棒を入れた箱から棒を引くことで，メンバーを選ぶ。

金魚鉢
話合いや仕事，特別なこと，その他大切な役割を果たす子どもたちを選ぶのに「公平」なツール。

STEP 1　説明

1. 子どもたちは自分の席につくか，床に座るかします。そのときに，お互いの顔が見えるような配置にします。
2. 話合いに参加するとき，どのように指名されるかを子どもに説明します。トーキング・ツール，名前を書いた棒，金魚鉢，インデックスカードなど，実際に使うものを見せます。
3. 誰かが話しているときには，目も耳もその人に集中します。その場は，その人のものです。
4. クラスの話合いの最初には教師がトーキング・ツールを持ち，何について話し合うかを説明します。何か言いたいことがある子どもは手を挙げさせ，トーキング・ツールが手元にくるのを待つよう伝えます。手にとったら，話し始めて構いません。こうすれば，自分が話しているときに別の子が話し始めたりせずに，みんなが聞いてくれていると，子どもは安心できます。1人が話し終えたら，トーキング・ツールは次に話したい人のところに静かに回されます。
5. おとなしい子どもが話しやすいように，教師は次のように声をかけてもいいでしょう。「ここから数分は，まだ今日話していない人の話を聞いてみたいな」。
6. あるいは，話合いの冒頭でこう言うことも考えられます。「全員に1回は話してほしいの。だから，まだ話していない人がいて，自分は何回か発言していると思ったら，話すのを少し控えて，ほかの人にも機会をつくってあげてね」。
7. 教師が声をかけたり，きっかけをつくったりして話合いへの参加を促すのもいいでしょう。
   ・「ジョナス，みんなの話をずっとよく聞いていてくれたから，少しあなたの考えを聞かせてもらえる？」。
   ・「先生が文章を始めますね。その後にどう続けたらいいか，考えを聞かせてもらえる？」。
   　話合いのテーマに沿った冒頭の文をつくり，子どもが自分の考えを入れて完成できるようにします。

8．クラスの話合いを終えるときには，子どもたちに参加してくれたこと，考えを共有してくれたことに感謝します。また，お互いを尊重し，トーキング・ツールを正しく使ってくれたことに対しても感謝を伝えます。

STEP 2　練習

「クラスの話合いをしましょう」と伝えます。話合いの前に，クラスの話合いを成功させるためのステップを復習します。

最初の質問をして，子どもを指名してトーキング・ツールをまわし，話合いを開始します。

話す人を交代するタイミングが来たら，子どもたちに手順を思い出すよう，言います。

クラスの全員が話し終えるまで，練習を続けます。

トーキング・ツールを使うのを忘れたり，互いを尊重する態度を欠いたりしたら，正しい手順で進めるよう促します。

全員が話して全員が聞く，いい話合いができたことに対し，子どもたちに感謝します。

STEP 3　強化

次に子どもたちが話し合うために集まったら，手順が守られているか観察しましょう。

必要に応じて注意したり，正しいやり方に導いたりします。話合いの最後には毎回，すばらしく興味深い話合いをしてくれたこと，手順に従ってくれたことに感謝します。

28 グループ学習

静かに効率よくグループに分かれることができれば，その流れでグループ学習の生産性は上がる。グループに分かれるのに時間があまりかからなければ，必然的に学びの時間が増える。

> **解決ポイント**
> グループ学習はチームワーク，仲間意識を育み，将来働くときに備えた実戦的な体験になります。子どもたちは1日を通じてグループで学ぶことが多いため，効率よく活動を開始できるように，手順をつくっておく必要があります。

この手順は，以下の問題を解決します。

> 1. 自分たちでグループをつくろうと，子どもたちが大混乱に陥る
> 2. グループに入れない子どもがいる
> 3. 教師や授業の時間の使い方の効率が悪くなる

背景

グループで効率よく学習すること，共通のゴールのための折り合いを学ぶこと，チームワークのために責任を持つことは，学校で，仕事で，そして人生で成功するのに，学ぶ必要のあるスキルです。通常の授業の状態からグループ学習の配置に移動する手順は，よく練習して混乱なくできるようにしましょう。

手順のステップ

この手順がうまくいくかどうかは，教室で実際にやってみる前からわかり

ます。よく考えて計画すれば，その分だけ効率がよくなるのです。子どもたちにグループに分かれてもらう前に，あなたは，以下を自問しましょう。

■グループ分けの前に考えるべきこと
・子どもたちを，どのようにグループ分けするか
・グループに，どこで学習してもらうか
・グループ内で，どのように協力して学習してもらうか
・グループ学習を終えて，もとのクラスの状態に戻すための一貫した合図は，どのようなものにするか

①子どもたちをグループに指名する

グループの目的は，みんながチームとして一緒に学ぶことです。そのため，グループの全員がチームに貢献する役割を持たなければなりません。子どもたちに自由に選ばせるのではなく，事前にあなたがグループ分けをしておきましょう。そうすれば，仲間に入れないと感じる子どもが出たり，チームメイト探しに教室が大混乱に陥ったり，学びのレベルが合わない子どもたちや行動パターンが合わない子どもたちが一緒になったりすることを避けられます。

グループの構成を考えるときには，以下を考慮しましょう。

■グループの構成で考えるべきこと
・グループ学習をするときに，全員にタスクがあるか
・グループ内のメンバーがお互いに助け合えるか
・メンバーはお互いに学び合えるか
・メンバーは一緒に効率よく作業できるか

グループの構成や人数は，活動ごとに変わります。子どもたちは，クラスメイト全員と作業をする機会があります。もし，同じチームになりたくないと思う相手がいたとしても，1つのチームに縛られることはありません。

②グループ学習の場所

　教室の中でグループ学習をするのに適している場所を決めます。その場所に集まるよう，指定します。活動の種類，教室のしつらえなどにより，子どもたちが机や椅子を移動させるか，単にグループ学習の場所に移動するかを決めていきます。

　グループの活動場所は，あなたが決めます。子どもたちが，自由に選ぶものではありません。もし，グループ活動が一定の期間，続くものなら，教室の見取り図を作成し，それぞれのグループが集まる場所がわかるようにしておきます。そして，掲示板にグループのリストと並べて貼り出します。

③グループ学習の手順

　グループ学習のための手順を確立しましょう。

> ☑ 各自が，自分の仕事と態度に責任を持ちます
> ☑ 質問がある場合は，同じグループの仲間に聞きます
> ☑ もし，グループのメンバーに手助けを求められたら，助けてあげるよう，ベストを尽くします
> ☑ 教師に質問するのは，グループ全員がいきづまり，全員が同じことを疑問に思ったときだけにします

　こうした手順があることで，子どもたちは互いに助け合うことを学び，あなた1人に頼ることがなくなります。グループの全員が疑問に思ったときだけ，あなたに声をかけることになっているので，あなたは時間を有効に使うことができます。

④一貫した移動の合図を使う

　グループに分かれ，もとに戻るのに，学年に応じて適切な合図を決めましょう。合図としては，声をかけるのもいいでしょう。シンプルに「グループ学

タイマーを活用する

習を始めてください」と言うのが効果的です。

　移動時間が近づいたら，タイマーを使います。グループ活動からもとに戻るときに，音楽をかけるのも一般的です。曲をかけると，子どもたちはグループ活動が終わりに近づき，次の活動が始まるという心の準備ができます。さらに音楽がかかっていると，移動のときの騒音を押さえられます。曲よりも大きな音は立てないよう，伝えておきましょう。

　カウントダウンを聞かせるのも，いい合図です。タイマーをセットするか，声に出して何秒か数えましょう。この方法により，子どもたちは残り時間を把握できます。合図を受けてグループ学習に入り，もとに戻るという流れをよく練習しておけば，活動時間を最大限にとることができます。

STEP 1　説明

1．子どもたちに，あなたが事前にグループ分けをしたことを説明します。
2．グループは特定の活動のためのもので，次のグループ活動のときにはメンバーや人数は変わることを伝えます。
3．最初のグループメンバーを発表します。
4．各グループの活動場所を指定します。
5．必要に応じてグループ・リストとグループ学習を行う場所を示した教室の見取り図を見せ，掲示する場所を教えます。
6．グループに分かれる合図の見本を見せます。
7．子どもたちがグループに分かれたら，活動の手順を説明します。

☑ 各自が，自分の仕事と態度に責任を持ちます
☑ 質問がある場合は，同じグループの仲間に聞きます
☑ もし，グループのメンバーに手助けを求められたら，助けてあげるよう，ベストを尽くします
☑ 教師に質問するのは，グループ全員がいきづまり，全員が同じことを疑問に思ったときだけにします

8．もとのクラスの状態に戻る合図を見せます。合図はいつも同じであることを説明します。
9．移動の合図の手順について伝えます。たとえば，教師がタイマーでカウントダウンを始めたら，以下を行うといったことです。

> - ☑ グループで行っていたことを終えます
> - ☑ 教材を戻します
> - ☑ 机や椅子をもとの位置に戻します
> - ☑ タイマーが時間切れになる前に，もとの席に戻ります

STEP 2　練習

何人かの子どもをグループメンバーとして指名し，活動場所を指定します。

互いに話し合う必要のない，簡単なタスクを与えます。

残りの子どもたちには，手順をきちんと行えているかを観察してもらいましょう。

グループに分かれる合図を出します。

子どもたちがグループになって活動を始めたら，他の子どもたちに手順通りにうまくできていたかを聞きます。必要に応じて，問題や修正すべき点を伝えます。

グループの子どもたちには，作業を続けてもらいます。近づき，質問があるときの手順について尋ねます。答えが正しいかどうか，クラスのみんなに判断してもらいましょう。

さらに作業を続けてもらいます。そしてもとに戻る合図を出します。

子どもたちがもとの席に戻ったら，クラスのみんなに意見を言ってもらい

ましょう。ここでも必要に応じて，修正すべき点を指摘します。

グループになった子どもたちに，見本を見せてくれたことに感謝します。活動全体を見て，あなたが気付いたことを伝えます。

次に役割を変えましょう。グループになった子どもは観察する側にまわり，他の子どもたちをグループ分けし，活動場所を指定します。

再度，グループに分かれる合図を出します。観察している子どもたちに意見を聞きます。何か問題があるようなら，修正していきます。

練習しながら，大事な点は指摘します。子どもたちがグループに分かれて活動し，もとの状態に戻る手順を理解したとあなたが確信を持てるようにしましょう。

STEP 3　強化

実際に最初のグループ学習を行う前に，グループ学習の手順の復習をしましょう。子どもたちが手順を行っているとき，特定の手順をきちんと行ってくれていることに感謝します。

「ショウジ，**おしゃべりをせずに**自分のグループの場所に移動してくれて，ありがとう」。

このように伝えることで，特定の行動を肯定することになり，次のような言い方よりわかりやすくなります。

「ショウジ，自分のグループに移動するとき，よくやっていたわ」。

あなたの具体的な勇気づけの言葉で，子どもは自分に期待されていることを理解することができるのです。

グループ学習の後に子どもたちが自分の席に戻ったら，手順がどうだったかを話しましょう。必要に応じて，正しい手順を褒めます。

29 ノートをとる

成果が上がるノートの書き方を身に付けている子どもは，重要な情報を見分けられるようになり，コンセプトに対する理解も深まる。

> **解決ポイント**
> 「コーネル大学式メソッド」を使えば，子どものノートがゴチャゴチャになることはなくなります。テストの準備に役立つ，重要な情報を捉えることができるようになります。大事な内容に集中するようになり，気が散ることもほとんどなくなるでしょう。

この手順は，以下の機会をもたらします。

1. 子どもが正確で完全，かつ有意義なノートをとれるようになる
2. コンセプトをキーとなる言葉やフレーズ，文章に要約することを子どもが学ぶ
3. 受け身の子どもが，主体的に学ぶようになる

背景

ある調査によると，授業でノートをとる子どもは，とらない子どもよりも高いパフォーマンスを示します。ですが**ほとんどの子どもはノートをとることを，ただの書き取りだと思っています。**つまり教師の言うことを，そのまま文字にしようとするのです。その結果，ノートは秩序を欠き，振り返りにくく，勉強に役立ちにくいものになってしまいます。さらには，書くことに必死で，授業への参加がおろそかになります。集中し，考え，質問し，学ぶことをしていません。

子どもたちには，重要な情報を特定し，整理し，ノートをとりながらも授

業に集中することを学んでもらいましょう。**効率よく有意義なノートをとれる子どもは，受け身で授業を聞くのではなく，主体的に学ぶようになります。**

手順のステップ

「コーネル大学式ノートメソッド」を使えば，効率よく重要な情報を書き留めることができます。書き留めたアイデアは，コンセプトをキーワードやフレーズに落とし込むことで，さらに凝縮できます。そして，1〜2文にまとめて復習に役立てることができます。このメソッドでは，ノートを3つのセクションに分けます。「記録」「整理」「まとめ」です。

- ①記録
  このセクションには，重要な情報を書き留めます。
- ②整理
  「記録」に書いた内容を，短い言葉やキーポイントに落とし込みます。
- ③まとめ
  コンセプトに要約します。さらなる探究のための疑問点も書いておきます。

①記録

ノートのページを，以下の3つのセクションに分けるよう，子どもたちに指示します。

- ページの左から2.5インチ（約6cm）のセクション
- ページの右から6インチ（約15cm）のセクション
- ページの下から2.5インチ（約6cm）のセクション

それぞれのセクションに，「記録」「整理」「まとめ」とラベルを書くよう伝えます。

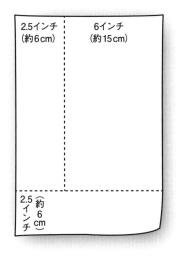

「記録」のセクションに有意義な情報を書き留めるよう，説明します。効率よくノートをとるには，体系立てることが大切なことを強調しましょう。

ノートをとる際に気をつけるべき点を，伝えます。

- ☑ 内容を理解するのに，不要な情報は省く
- ☑ 繰り返しの情報は省略する
- ☑ 略語を使う
- ☑ 短いフレーズを使う
- ☑ 余白を十分にとる

②整理

このセクションには，上記のメモをもとに簡潔なフレーズや手掛かり語句，キーポイントなどを書き入れます。大事なのは，簡潔でシンプルにすることです。このセクションに書くのは，授業の内容を復習したり，見直したりするときに手掛かりとなる言葉です。

「コーネル式大学式ノートメソッド」の大枠

③まとめ

「記録」と「整理」のセクションの内容を見て，1〜2文でコンセプトを要約します。はっきりさせたいこと，疑問点，さらなる探究のための気付きなどもここに記しておきます。

要約を書くのを難しく感じる子どもは，内容がきちんと理解できていないため，見直しが必要になります。<u>子どもたちが筋の通った要約を書けるかどうかで，あなた自身の授業の成果を測ることができます。</u>

この体系立ったノートを使って，次のように学習するよう指導します。

> ・インデックスカードを使ってノートの「記録」セクションが見えないように隠します
> ・「整理」セクションの手掛かり語句をもとに，記録セクションに書いた内容を，できるだけ思い出して挙げてみます
> ・このやり方で復習をすれば，情報が定着し，テストの前にも役立ちます

STEP 1　説明

「コーネル大学式ノートメソッド」がどういうものかを説明し，授業の内容をそのまま書き取るよりも効果的な理由を述べます。

授業をした後，ホワイトボードや液晶プロジェクター，あるいは書画カメラを使ってコーネル・メソッドでノートをとる方法を見せます。

授業の内容で重要な情報を挙げて「記録」セクションに書き入れます。子どもたちにも参照用に書き写すよう指示しましょう。

手掛かり語句を提案し，「整理」セクションに書きます。

2つのセクションの内容を読み返し，「まとめ」セクションに1〜2文で要約を書き入れます。疑問点やはっきりさせたいこと，さらなる探究のための提案などもここに書いておくよう，子どもたちに伝えます。

STEP 2　練習

翌日，「コーネル大学式ノートメソッド」の復習をします。

授業を行っているとき，一旦中断して「記録」セクションに書くべき重要な情報は何か，子どもたちに質問します。

そして，子どもたちに「整理」セクションに書くべき手掛かりとなる語句を挙げてもらいます。

「まとめ」セクションに書いた要約を，何人かに発表してもらいましょう。

この方法でノートをとると，情報が定着することを伝えます。紙の「記録」セクションを隠します。「整理」と「まとめ」セクションだけが見える状態です。

手掛かり語句や要約をもとに，「記録」セクションの情報をできるだけ挙げるよう，子どもたちに指示します。

子どもたちがノートをとる練習をしている間，質問はないか声をかけます。

STEP 3　強化

定期的に「コーネル大学式ノートメソッド」の復習を，クラスで行います。ときどきノートをとるプロセスを子どもたちと振り返りましょう。

いま体系的に学ぶことが，将来の仕事に役立つことを強調します。「コーネル大学式ノートメソッド」を使うと，テストのための勉強も効率よくできるということも補足します。

CHAPTER 5

30 教科書を読む

「SQ４Rメソッド」(Survey, Question, Read, Recite, Review, Reflect) を使いこなすよう指導することで，子どもたちは教材の内容をより深く理解し，すべてのクラスでこの方法を使えるようになる。

> **解決ポイント**
> SQ４Rの手法を実行するには一定の時間がかかりますが，それにより子どもたちは知識を習得し，思い出し，活用することができるようになります。教科書に書かれた詳細な情報をどう取り込み，読めばいいのかを指導しましょう。

読みこなすための計画は，以下の問題を解決します。

1. 情報を十分に理解できない
2. 書かれていた内容を覚えていない

背景

子どもたちのほとんどは教科書を，英語の授業で小説を読むように読んでいます。1ページ目から読み始め，最後のページまで読み進めます。このやり方はフィクションを読む際のもので，教科書を読むのには最適とは言えません。

強調部分をハイライトするのは，よく使われる方法です。ただ，このやり方だと，批判的に情報を見極め，覚えておくべき重要な情報を選び出すというよりは，ページをカラフルに色分けするだけに終わることがあります。

「SQ４Rメソッド」を使うと教科書の内容を要約でき，後から勉強のために見返すのも簡単になります。

手順のステップ

　SQ4Rのプロセスを教えることで，子どもたちは教科書の内容をより深く理解し，知識も定着するようになります。教科書を読むステップを表すチャートをつくり，掲示しましょう。1年を通じて，貼っておきます。

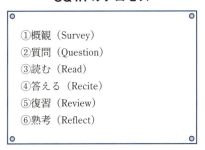

SQ4Rのプロセス

①概観（Survey）
②質問（Question）
③読む（Read）
④答える（Recite）
⑤復習（Review）
⑥熟考（Reflect）

STEP 1　説明

1．「SQ4Rメソッド」を子どもたちに紹介しましょう。情報を取り入れることができ，さらに思い出すのも楽になると説明します。

①概観（Survey）
・章をざっと見て，どんな内容かを把握する。
・章題を見て，書かれているトピックを理解する。
・章の紹介や要約を読み，章の要点をつかむ。
・すべてのセクションの見出しを読み，全体の構成を把握する。
・太字，イタリック，ハイライトや囲みで強調された箇所をすべて読む。
・絵や写真があれば見て，添えられた説明を読む。視覚的に理解を深める。
・章の最後にある説明，目的，設問などを読む。

②質問（Question）
・①で見た文章について考える。
・読む目的を与え，理解を深めるための質問として章題を捉える。
・答えるべき質問を，教材から作成する。

- 積極的に答えを探しながら読むと、集中力が高まる。

③読む（Read）
　読むことは、家を建てることに似ています。骨組みが完成しないと、壁を仕上げることはできません。子どもたちも、全体を概観して章の質問をつくるまでは、教科書を読み始めるべきではありません。教科書を読む前に、以下の点を伝えましょう。

- 質問に対する答えを探すこと。
- 子ども自身の言葉で、答えをメモすること。
- 情報に埋もれることを防ぐために、すべての細かい点を気にせずに、主だったテーマに集中すること。

④答える（Recite）
　章が終わるごとに自分で問いに答えることを、子どもに奨励しましょう。自分で考えた質問を声に出し、それに対する答えも自分の言葉で言います。自分自身の言葉で教材の内容を言うことで、より理解が深まり、情報が定着して思い出しやすくなります。

⑤復習（Review）
　家を建てるとき、最後のフェーズに点検があります。同じように、章を読んだ（概観し、質問し、読み、答えた）からといって、それで終わりではありません。章を読み終えたら、復習し、点検することを奨励しましょう。ここでは書き漏らしたことや、情報に誤りがないかを確認します。そうすることで、知識が定着します。

⑥熟考（Reflect）
- 集めた情報を、頭の中で処理することを子どもたちに奨励する。
- 理解を確認するため、つくっておいた質問についてよく考える。
- アイデア同士の関連性を探して組み合わせ、理解をより深める。

2．SQ4Rメソッドを例示するために，教科書から特定の章を選びます。クラス全体でステップ毎に進んでいきましょう。
  ・章題，要約を読む。
  ・太字，イタリック，ハイライトや囲みなどで強調された箇所が大切なことを子どもたちに教える。
  ・絵や写真があれば見て，添えられた説明を読むための時間をとる。
  ・章の最後にある説明，目的，設問などを読む。
3．子どもたちに，この章には何が書かれていたのかを聞きましょう。教材を読むときに，どんな質問を頭に入れておくべきか，話し合います。
4．セクション毎に何が書かれているのかも質問します。各セクションを読むときに，どういう質問を頭に入れておくべきか，話し合います。
5．子どもたちに，適切な質問を念頭に置いて章を読むよう，指示します。
6．読み始まる前に考えた質問に対する答えを，子どもたちに聞きます。
7．子どもたちに，学んだばかりの全体のコンセプトについて考えてみるよう，指示します。SQ4Rで得た情報を，進んで発表してもらいます。

STEP 2　練習

　子どもたちに，隣の席のパートナーと教材について質問をし合ってもらいます。教材を見て質問をする子どももいるでしょうし，SQ4Rのメモを見て答える子どももいるでしょう。質問役と答える役を交互に行います。答えるときは，なるべく自分の言葉を使うよう指示します。

　子どもたちの様子を観察し，必要に応じて方向性を正しましょう。

　質問し，自分の言葉で答えたら，その章のメモをもう一度見直すよう伝えます。内容を振り返ることで，学んだことが定着することを理解させます。

STEP 3　強化

　次の授業のときに，もう一度子どもたちにペアになってもらい，「SQ4Rメソッド」で文章を読んでもらいます。教室内を見てまわり，必要に応じて手助けをします。子どもたちが「もう1人でも大丈夫」と確信を持てるまでペアで行うようにしましょう。

CHAPTER 5

31 どこでも読書タイム

日々のスケジュールに読書を取り入れると，子どもたちは毎日楽しく本を読む時間がとれる。読む時間が増えれば，それだけ読む力が付く。

> **解決ポイント**
> 読むことは，すべての教科に役立つスキルです。また，大いに喜びをもたらすスキルでもあります。読むのが得意なら，学びへの扉が開かれます。どこでも読書（RAP: Read Any Place）タイムを設けて，子どもたちに読むことを奨励しましょう。

この手順は，以下の機会をもたらします。

1. 子どもたちに楽しい読書を奨励する
2. 1人で読むことを動機づける
3. 本を共有し，他の子どもにもすすめられる

背景

もし，子どもたちが家でテレビを観たりゲームをしてばかりだとしたら，趣味や楽しみのための読書は，ほっとする時間になることでしょう。

<u>読書（RAP）タイムでは，子どもたちの年齢に合った本なら，何を読んでもいいことにします。</u>教室のどこで読んでも構いませんが，RAPタイムのガイドラインは守らなくてはなりません。

> ■ RAPタイムのガイドライン
> ・腕を伸ばしても，他の子どもと触れない距離をとる
> ・黙読のみ。おしゃべりはしない

- 特別な椅子やクッションは順番に使う
- RAP タイムが終わったら，本を正しい場所に戻す

たとえば，ある授業で作業を早く終えた子どもがいたら，他の子どもたちを待つ間，RAP タイムを設けて本を取り出して読むことをすすめましょう。

手順のステップ

RAP タイム用に，全員が楽しめるように様々なレベルや種類の本を用意します。クラスのコレクションとして，子ども向け雑誌や新聞，漫画，絵本，児童書などを1か所に配置しましょう。子どもが自分の好きな本を選べるようにします。

本のコレクションの近くに，心地よい読書エリアを設けましょう。ラグやクッション，ユニークな椅子やソファがあると，子どもたちはくつろいだ気分で RAP タイムを楽しむことができます。

本はレベル，ジャンル，テーマ，興味によって分け，きちんとした状態を保てるように，本とカゴや本棚にラベルを貼ります。そうすれば子どもは興味のある本を選びやすくなり，戻すときにも正しい場所に返せます。

くつろいだ気分で RAP タイムを楽しむ

STEP 1　説明

RAP タイムのガイドラインのポスターをつくり，見やすい場所に貼りましょう。学級開きで，説明をします。

1. 教室の読書エリアを子どもたちに紹介します。
2. 1日の中の RAP タイムを決めます。スケジュールの中でいつ RAP タイムがあるのかを子どもに伝えます。あなたのクラスの状況によって，毎日の活動にしても，1週間の中で特定の日としてもいいでしょう。
3. RAP タイムのガイドラインを説明し，どういうことを達成するための

活動なのかを話します。
4．あなたも，みんなと一緒に RAP タイムに参加することを伝えます。
5．活動が終わるころ，読んで面白かったこと，新しく知ったことなどを共有する時間を少しとります。

STEP 2　練習

　RAP タイムの見本を見せます。子どもたちに，読む本の選び方と座る場所を示します。腕を伸ばしても人とぶつからないくらい，互いに距離を取るように指示します。何人かの子どもに，RAP タイムを実践してもらいます。

　この手順を練習するとき，RAP タイムでは黙読をすることを再度伝えます。黙読することを忘れた子どもがいたら，穏やかに正します。

　練習の RAP タイムを行うことを子どもたちに知らせ，クラスの半分の子どもたちに作業をやめて RAP タイムの見本を実践してもらいます。

　クラスの残りの半分の子どもたちには，観察し，手順通りでないところを指摘するよう指示します。次に，子どもたちの役割を入れ替えて，もう一度練習します。

　読んだことで面白いことがあれば，自主的に発表してもらいます。

STEP 3　強化

　手順を守ってくれたことに対して，子どもたちを褒めます。もし，手順が正しく行われていない場合は，シンプルにこう聞きましょう。「RAP タイムの手順を言ってもらえる？」と。

　何か活動を終えた子どもが，クラスメイトたちを待っている間，ぼんやりしていたら，「他の子どもたちが終えるのを待つ間，できる活動を言ってもらえる？」と尋ねます。

32 テストをする

*テストの日は，教師が学びの時間がなるべく減らないように
事前に計画しておくことで，有意義なものとなる。*

> **解決ポイント**
> 　教室では，わずかな時間も貴重です。毎日が学びの日です。テストの日も，子どもたちが何をすべきかわかっていて，教師がわずかな時間でも成果を上げるために使おうとすれば，有意義なものになります。

この手順は，以下の問題を解決します。

> 1．テストの日は混乱が起こる
> 2．クラスの時間が無駄になる

背景

　授業計画書には大きな文字で，こう書かれています。「今日はテスト！」。教師はテストの日を，指導のないちょっとしたお休みと捉え，子どもたちもその日は学習しない日，と考えます。

　テストを早く終えた子どもはもぞもぞし，誰かほかにも早く終わった友達はいないかまわりを見まわします。モバイル機器の確認が始まり，身繕いの小物がどこからともなく現れます。テストを早く終えた子どもが他の子どもたちを待っていると，学びは生まれません。

　教室では，すべての時間が学ぶ機会です。貼り出された計画表を見れば，子どもたちにもわかります。テストの日も例外ではありません。計画表があれば，子どもは次に何をすべきかが，いつでもわかります。

手順のステップ

テストを終えるスピードは，子どもによって差があります。**早く終わった子どもが取り掛かれる作業や，黙読などの課題を事前に計画して貼り出しておきましょう。**1分たりともクラスの時間を無駄にしないように意識することで，子どもたちの学びは最大限になります。

テストの日のスケジュールを書いた計画表を掲示します。スケジュールには，以下を入れましょう。

☑ テストは何時限目に行われるのか
☑ テスト時間
☑ テストが終わったら何をするのか

STEP 1 説明

テストを行う際の手順を説明します。次のようなステップで進めるといいでしょう。

テストをするときのステップ

- (STEP 1) 自分のテスト用紙だけを見ましょう。
- (STEP 2) テストの間は静かにします。
- (STEP 3) 一度テスト用紙を伏せたら，テストに戻ることはできません。
- (STEP 4) 解答が終わったら，テスト用紙を伏せて机の右上に置きます。
- (STEP 5) 全員が終わったら，テスト用紙は回収されます。
- (STEP 6) 席を立たず，すぐに課題を始めます。
- (STEP 7) テストが早く終わったときに行う作業用の教材は机に入れておきます。

STEP 2　練習

　テストの日にも，通常と同じクラスの手順を守るよう，子どもたちに話します。テストの日には子どもたちは静かに教室に入り，いつも通りに始まりの課題を行います。

　テストが終わったことを示す見本を見せましょう。**用紙を伏せ，机の右上に置きます。これを行った後はテストに戻ることはできないことを，再度伝えておきます。**

　いつも通りに，計画表に沿って進むことも確認します。テストが終わったら，子どもたちは席についたまま，計画表にある課題を始めます。

STEP 3　強化

　クラスで最初にテストを行う日には，テストの手順についてもう一度話し，わからないことがないようにしておきます。

　自分がテストを終えても，クラスメイトはまだテストをしているので静かにしているよう，念を押します。

　計画表にある課題を説明し，テストが終わったらすぐに始めるよう指示します。課題について質問がないか尋ね，あいまいな点がないようにしておきます。

CHAPTER 5

33 子どもに採点させる

> すべての課題を教師が確認し，採点する必要はない。
> 子どもたちも，採点の責任の一端を担うべきである。

> **解決ポイント**
> あなたの仕事の負担を軽くする機会を捉えましょう。場合によっては，子どもたちがクラスメイトの課題をチェックし，採点することで，あなたの手助けができます。

教師がきちんと監督すれば，この手順は以下の機会をもたらします。

> 1．教師が採点しなければならないアイテムを減らす
> 2．責任を持ってクラスメイトの採点をすることを教える

背景

この手順はすべての学年で，あるいはいつでも行えるものではありません。ただし，手順さえ覚えれば，子どもたちが採点できる課題もあります。

子どもたちは日々，数多くの課題を行います。そのすべてをあなたがチェックし，採点し，成績をつけなければならない，ということはありません。もちろん大多数のものは，あなたが目を通して成績をつけることが大切です。作文や筆記体の練習，定期テストなど，必ず教師が目を通すべきものもあります。その上で，子どもたちが授業中に採点できる課題も多くあります。場合によっては，その採点プロセスもスキルの1つとして評価してもいいでしょう。

子どもは課題に一生懸命に取り組み，仕上げたものには誇りを持っています。ほかの人の課題をチェックするときには，それを丁寧に敬って扱うよ

う，子どもたちに指導しましょう。

手順のステップ

　この手順は，実際に子どもたちに採点してもらう直前に，説明しましょう。クラスメイトの用紙を採点するときには，**正直に公正に行うことが大切であることを説きます。**

　クラスの採点用に，ペンをひと揃い購入します。採点するときには，すべて同じ色のペンだけを使うようにします。

　保護者には，あなたが指定した色のペンで採点されているものは，子どもたちが採点したものであることを知らせておきましょう。

STEP 1　説明

1．子どもたちに，他の子どもの用紙が手元にいくように課題を配ります。
2．採点用の色ペンを配ります。
3．採点をする子どもは，用紙の右下に自分の名前を書きます。**この署名には，正確に採点し，用紙を丁寧に扱うことが重要であることを強調する意味があります。**
4．不正確な解答の横にだけ，印を付けるよう指示します。『×』（あるいはあなたが選んだ印）を間違っている答えの横に書きます。それ以外に，印は付けません。
5．あなたが正解を読み上げ，それを聞いて子どもたちは採点していくようにします。
6．答えに関して不明点がないか，聞きましょう。
7．点数を計算して，自分の署名の横にその数字を書くように指示します。
8．採点の終わった用紙を回収し，見直して正確かどうかを確認します。
9．採点用のペンを回収します。

STEP 2　練習

　クラスで採点する最初のときには，隣の席のパートナーと採点の終わった用紙を交換してもらい，子どもたちにダブルチェックをさせましょう。

CHAPTER 5

　パートナーには最初の採点者の名前の横に，自分の名前を書いてもらいます。子どもたちには，互いにチェックし合っていることを伝えます。もう一度正解を読み上げます。

　不正解な解答があった場合の印の付け方を，伝えます。このとき，最初の採点とは違う印にします。

　不正解の数を，用紙の下の自分の署名の横に書きます。

　パートナー同士で，お互いの用紙を見比べてみます。

　テスト用紙とペンを回収します。

　すべての用紙をあなたが確認し，最終的な点数を出します。

STEP 3　強化

　子どもが採点した用紙を確認した後，あなたが気付いた点を伝えます。そして，採点を手伝ってくれたことに対して感謝しましょう。手順通りにできていたので，次にあなたが手助けをしてほしいときにも，同じようにしてもらえるように伝えます。必要に応じて，説明を繰り返します。次にクラスで採点をするときには，手順を振り返りましょう。

クラスメイトの採点をさせることで子どもたちに「責任」を教えられる

34 ソーシャルスキルを高める

ソーシャルスキルは学級にポジティブな雰囲気をもたらし，子どもが人生で成功していくためにも大切なもの。皆が礼儀正しく，お互いを尊重して敬い合うクラスを目指すべきである。

> **解決ポイント**
>
> 適切なソーシャルスキルを教えることで，前向きな学びの環境を推進できます。協力的で礼儀正しく振る舞うスキルを身に付けさせることで，大人になって成功するための準備ができます。子どもたちと接するときには，あなたが常にお手本となるように振る舞いましょう。

この手順は，以下の機会をもたらします。

1. 話し言葉及びボディーランゲージで成果を上げるコミュニケーションがとれる
2. クラスの生産性が上がる
3. クラスの雰囲気が前向きになる

背景

子どもたちが，協力し合うソーシャルスキルを身に付けていないと，教室での日常生活やチームワークがうまくいかないことがあります。ソーシャルスキルの欠如は，子どもの成功を妨げるものにもなりかねません。コミュニケーション力，判断力，仲間との関係性は大切なものなのです。

基本的なソーシャルスキルを身に付ければ，子どもたちは大人になってからもずっとそれを使い，さらに伸ばしていくことができます。

CHAPTER 5

手順のステップ

　子どもたちは、ソーシャルスキルが学校生活や人生の成功にどれだけ大切なものか、意識していないかもしれません。クラスで取り組むソーシャルスキルをブレインストーミングし、こうしたスキルをどんな状況でも使うことがいかに重要かを話し合いましょう。

クラスで取り組むソーシャルスキル	
・聞くこと	・礼儀正しいこと
・マナーを守ること	・譲り合うこと
・相手を尊重すること	・参加すること
・協力的であること	・適切に注目を求めること
・人を助けること	・静かに話すこと
・辛抱強くあること	・礼儀正しい言葉遣いをすること（例：「お願いします」「ありがとうございます」「どういたしまして」を言う）

　子どもは、こうしたことすべてが、生産性を上げるために必要なスキルだとは気付いていないかもしれません。

　こうしたスキルに対するあなたの解釈が、当然子どもたちの解釈と同じだと思ってはいけません。「いいマナーとはどういうものなのか」について話し合いましょう。たとえば「お願いします」や「ありがとう」を言うときの声の調子も、その言葉を使うことと同じくらい大切です。

　それだけを取り上げて教えるのではなく、クラスの中で、**適切な態度の見本を示すようにしましょう**。たとえば、子どもたちがグループ学習を行う前に、子どもたちに「協力し合うとはどういうこと？」と聞きます。ブレインストーミングをしましょう。「聞くこと」が適切なソーシャルスキルなら、「いい聞き手」とはどんな人か、特徴を挙げてもらいます。教師やクラスメイトが話しているとき、いい聞き手はどうしますか？

次に，シナリオを使ってロールプレーを行います。そうすることで，子どもたちは望ましいソーシャルスキルを練習することができます。見て，聞いて，体感して望ましい態度とそうでない態度の違いを理解します。**それぞれのソーシャルスキルについて，どのように行うべきかの「How to」をクラスでつくりましょう。**たとえば，「いい聞き手」は以下のことをします。

- ☑ 前かがみではなく，背筋を伸ばして椅子に座る
- ☑ 話している人に常に集中する
- ☑ 話している人や聞いている人の気が散らないよう，動きを抑える

定義ができたら，子どもたちがノートに記入し，いつでも参照できるよう，ガイドにまとめておきましょう。

いい聞き手のソーシャルスキルを忘れた子どもがいたら，近づいてこう言います。「ケルシー，ノートのいい聞き手の箇所を読み返してもらえる？」。授業の後，ケルシーに，いい聞き手に関して質問があるか尋ねましょう。

あなたが，ソーシャルスキルのお手本を見せます。子どもたちにクラスメイトに対してとってほしいと思う態度と同じように，敬意を持って子どもたちに接するようにしましょう。子どもたちに身に付けてほしいソーシャルスキルを，実践するのです。

クラスメイトが発表しているとき，いい聞き手でいるよう，子どもたちに指導する。

STEP 1　説明

　毎日特定のソーシャルスキルを選び，授業時間に子どもたちに意識して実践させましょう。

　その日の授業には，どのソーシャルスキルを取り入れるのか，説明します。

　目的を持ってソーシャルスキルを練習することで，クラスの学びが前向きな雰囲気になることを伝えます。そのスキルが，社会で広く使われているものだということを強調します。

　授業の終わりに，その日の授業の雰囲気や学びに，ソーシャルスキルがどう影響したかを振り返ります。

　クラスでつくったスキルのリストに載っているものすべてについて，同じプロセスを繰り返しましょう。

STEP 2　練習

　ソーシャルスキルは，みんなが当たり前にできるようになるまで，練習します。特定の授業で使うソーシャルスキルがあれば，事前に子どもに伝えましょう。

STEP 3　強化

　特定のソーシャルスキルがよくできていたら，それを指摘して褒め，これからも続けるよう奨励します。

　ソーシャルスキルを教えることで学びを推進し，子どもたちに将来に向けた準備をさせることができます。教室では常に適切なソーシャルスキルを期待することで，一貫性を保ちましょう。

CHAPTER 6
特別支援学級の手順

CHAPTER 6

特別支援学級の手順

> 私たちの仕事は，医師や弁護士，教師や看護師，工員や店員を生み出すことではありません。子どもを笑顔にし，希望を与え，夢を抱かせることです。後のことは，自然とついてくるものです。
> ダン・ゾイフェルト（サウス・カリフォルニア州の特別支援学級の教師）

子どもたちには全員，能力がある

特別支援学級を教えるには，特別な心構えが必要です。精神的に辛いこともありますし，肉体的にも疲れるでしょう。ストレスがかかり，仕事量も多くなります。教師には辛抱強く真面目に取り組む姿勢と，混乱なく整然と授業を進めるスキルが求められます。**子どもたち全員に能力があり，尊いと理解する気持ちが大切です。**

そして特別支援学級の指導は，とてもやりがいのあるものです。ユニークな課題に直面する子どもたちが，過酷な世の中で役割を担って生きていく準備をするのです。

実践　保育園における特別支援学級のある1日

ロビン・バーラックは，オハイオ州で未就園児の指導を行っています。それぞれのクラスには8人の特別な支援が必要な子どもと，一般的な発達状態の子ども4人がいて，ロビンは1日に24人の子どもたちを見ています。

ロビンのクラスには，自閉症，言語習得が遅い，身体的にハンディキャップがある，発育上の問題があるなど，様々な子どもたちがいます。こうした子どもたちには特に，体系立てることが重要になってきます。一貫した手順と日々のルーティーンがあることで，不安がなくなり，安心できます。

思いやりのある雰囲気，安全な環境，前向きな学びの場を提供するため，ロビンは学級経営計画を準備しています。

学級開きの日から子どもたちに手順を教え始め，時間をあまりおかずに繰り返し強化していきます。ロビンはティーチング・アシスタント1人，看

護師3人，それに毎週クラスに出入りして支援する5人のセラピストと一緒に働いています。その全員がチームとなって，子どもたち全員にこう言ってもらえるように協力しています。

「保育園に行くのは大好き。みんなが何をすればいいのかわかっているから。誰も私たちに怒鳴ったりしないし，いろいろなことを覚えられる」。

1日の構成

ロビンのクラスの子どもたちは，スケジュールに沿って活動します。

8:20－9:15am　―自由な遊び時間

　子どもたちは，それぞれの発達に合った活動をします。遊びは子どもが自主的に行い，教師は言語習得や社会的，認知スキルを発展させるような遊びの手助けをします。
・絵や工作
・TEACCHという，ノース・カロライナ大学が開発したプログラムを行う。自閉症の子どもが，体系立った環境でスキルを身に付けるのに役立つ。
・スピーチ・セラピー・カードで練習をする。
・ロールプレーを行う。
・砂箱で遊ぶ。
　自由な遊び時間が終わる前に，あと2分で次の活動に移ることをロビンは子どもたちに知らせます。そうすることで，子どもたちは次に何をすべきなのかを理解し，次の活動にスムーズに移ることができます。

9:15am　―片づけ

　ロビンは『片づけの歌』をうたいます。
　お片づけ，お片づけ，みんなでお片づけ
　お片づけ，お片づけ，みんなでお片づけ
　みんなで一緒におもちゃを棚にしまいます。

9:17－9:30am　―サークル・タイム

　ロビンは毎日同じ歌をうたいます。子どもたちも一緒にうたい，サークル・タイムの準備をします。
　ハロー，あなたがいて嬉しい。ハロー，あなたがいて嬉しい。
　ハロー，あなたがいて嬉しい。1，2，3で声をあげよう。ワーイ！
　サークル・タイムの構成は毎日同じです。子どもたちがびっくりするようなことはありません。
・カレンダーの歌をうたう。
・動くアクティビティーをする。
・聞く，礼儀正しくする，譲り合うなどのソーシャルスキルを練習する。

- 歌に合わせて踊る。
- 詩を学ぶ。
- 今週の言葉を勉強する。

9:30－9:50am　―体育

　体育の時間が終わる前に，あと2分だということをロビンは子どもたちに知らせ，どこに並ぶのかを伝えます。視覚的な合図が必要な子どもには，列に並んでいる子どもたちの絵や，次の活動を知らせるおやつの絵を見せます。次はおやつの時間です。

9:50－10:00am　―おやつの時間

　子どもたちは教室にいる大人の手を借りて，手を洗います。子どもたちが決められた席についたら，みんなで『おやつの歌』をうたいます。
みんなのおやつの時間，みんなのおやつの時間
みんなで食べて飲む時間，みんなのおやつの時間

10:00－10:20am　―サークル・タイム

　子どもたちは集まって，毎日違う活動や勉強をします。

10:20－10:45am　―小グループ活動

　子どもたちは7～10分おきに交代します。その際に助手の手を借ります。
- 3人はコンピュータで学ぶ。
- 4人はテーブルあるいは床で活動を行う。
- 4人は自分たちで，活動を行う。砂箱で遊ぶ，積み木で遊ぶ，工作粘土でものをつくるなど。

10:45－10:50am　―解散

　子どもたちは『さようならの歌』をうたいます。
お友達にさようならを言う時間
（手拍子2回）
お友達にさようならを言う時間
（手拍子2回）
さようならを言う時間だから，にっこり笑ってウィンクをしよう
お友達にさようならを言う時間
（手拍子2回）
子どもたちを並ばせ，正しいバスまで連れていきます。

活動から次の活動への移動

　ロビンは絵やジェスチャー，物や歌を使って子どもたちを1つの活動から次の活動へと誘導しています。日々のスケジュールをきちんと守り，クラ

スの手順を常に強化しています。手順があることで、一貫性が生まれます。
　ロビンは、次のように言います。
　「特別支援学級の多くには、助手やセラピスト、看護師が毎日、あるいは日によって出たり入ったりします。一貫した手順と毎日のスケジュールがあることで、大人と子どもみんながやるべきことを把握できます」と。また、次のようにも言います。
　「同じことを繰り返していると、その活動は間違いなく『強化』されていきます。つまり、私が何度も同じことを言って、クラスの時間を無駄にしなくて済むということです」。

３つの一貫した手順
　ロビンは常に以下の手順を、自分のクラスに取り入れます。

> 1．子どもと関わるときは、子どもを惹きつける
> 2．教材をすべて手元に準備しておく
> 3．2分前のお知らせをする

①子どもと関わるときは、子どもを惹きつける
　未就園児で自閉症、発達が遅れている、行動に問題のあるなどの子どもは、1つの活動から次の活動へ移るのを、難しく感じることがあります。言葉で知らせたり、絵を見せたり、歌をうたったりする移動の合図に加えて、ロビンは子どもたちが次の活動を楽しみにするよう心がけています。クラスの活動は、子どもにとって魅力的で意味のあるものでなくてはなりません。魅力的であれば、子どもたちは進んで移動します。
　彼女は活動のペースを適度なものにすることで、クラスのエネルギー・レベルを常に高く保っています。子どもたちと接していると、落ち着きをなくしかけているのを感じ取ることができます。教師は、子どもが立ち上がって動きたいと感じているタイミングを察して、そのエネルギーを適切な方向に向けるようにします。そうでなければ、子どもたちはあなたの指示を待たず

に立ち上がって動きまわってしまいます。

②教材をすべて手元に準備しておく
　ロビンは活動に必要な教材を，すべて手の届くところに置いてあります。たとえば，サークル・タイムに音楽をかけるなら，プレーヤーや音楽はすぐに準備できるところに置いています。音楽をかけるのに教室の反対側まで行き，さらに曲を探すのに手間取るようではいけません。貴重な授業の時間が無駄になります。しかも最初の10秒で，子どもの集中力は切れてしまうでしょう。授業が始まる前に，教師と子どもたちの使う教材は，すぐに使えるようにしておきます。

③２分前のお知らせをする
　子どもたちは，していることをやめて急に他のことをするように言われても，うまく対応できません。特別支援学級の子どもは，同時に以下の３つのことをしなければならないのを，特に難しく感じます。

・課題を１つ終える
・別の課題の準備をする
・新たな課題に集中する

　ロビンは，子どもたちの移動をスムーズにするために，２分前にこれから移動があることを知らせます。こうすることで子どもたちは，教師に期待されていることを消化し，ストレスなく次の活動に移ることができます。

特別支援学級の未就園児の保護者とのコミュニケーション
　保育園に入る前に，ハンディキャップのある子どもは評価を受けることになります。学校専属の心理カウンセラーとアセスメント・チームが運動機能，言語能力，自助，認知技能などについて判断します。これは遊びを通じたアセスメント，観察，それに保護者への質問で行われます。
　その結果，子どもが特別支援学級のプログラムに入ることになると，保護

者との協力と準備は学級開きの前から始まります。子どもが保育園に通うのは初めてという保護者も多いでしょうし，とても不安で心配に感じているかもしれません。さらには，自分の子どもにハンディキャップがあるとはっきり認識したのも，このときが初めてかもしれません。スクール・バスに乗るのも，これまでにない経験でしょう。

　そのため，保護者とは定期的に連絡をとり，保育園の体験を，保護者と子どもの両方にとって，できるだけポジティブなものしましょう。保護者とのコミュニケーションには多くの手段があります。

保護者とのコミュニケーションの手段	
1．歓迎の葉書	7．懇親会
2．保護者と子どものオリエンテーション	8．毎週のニュースレター
3．オリエンテーションの前に電話をかける	9．クラスのウェブサイト
4．初日に電話をかける	10．コミュニケーション・フォルダー
5．ハッピー・グラム	11．面談
6．1週間後に電話をかける	12．パワーポイントのプレゼンテーション

①歓迎の葉書

　入園前に，子どもの家に葉書を送りましょう。子どもをクラスに歓迎するためのもので，以下のようなシンプルな内容にします。

> スージー，こんにちは。
> あなたをクラスに迎えるのを楽しみにしています。
> 保育園では，わくわくすることをたくさんしますよ。
> それでは9月1日にお会いしましょう。
>
> 　　　　　　　　　　　　　　　　　　　ミス・ロビンより

②保護者と子どものオリエンテーション

　園として入園前の保護者と子どものオリエンテーションを行うことを検討しましょう。簡単なオリエンテーションがあれば，子どもや保護者が事前に園を見ることができ，気持ちに余裕を持って初日を迎えることができます。

　この機会に保護者と話をして，不安に思っていることなどを聞きましょう。保護者に渡すインフォメーション・パッケージを用意しておきます。以下の４つの情報を入れましょう。

☑ クラスの運営方針	☑ クラスの手順
☑ 学校の手順	☑ 教師への連絡方法

　保護者に情報を説明する一方で，子どもたちには新しい環境に馴染んでもらえるよう，教室で遊ばせます。

③オリエンテーションの前に電話をかける

　保護者と子どものオリエンテーションの前に，クラス全員の保護者に電話をかけましょう。以下のことが期待できます。

- ☑ 自己紹介をすることで，あなた自身を知ってもらう
- ☑ オリエンテーションの案内を保護者が受け取っているかの確認
- ☑ オリエンテーションに出席できるかの確認
- ☑ 保護者の不安を和らげる
- ☑ 子どもの特徴について知ることができる。たとえば，「ジェーンは夏の間，耳にチューブを入れていました」「グレゴリーは特別な食事をしています」など

④初日に電話をかける

　子どもがスクール・バスに初めて乗るとき，不安になる保護者もいます。無事に着いたことを知らせる電話やEメールを受け取ると，安心できるので感謝されます。

⑤ハッピー・グラム

　さらに保護者に安心してもらうために，それぞれの子どもにハッピー・グラム（※メッセージカードのようなもの）を初日に持ち帰らせることを検討しましょう。メッセージは，以下のようなシンプルな内容です。

> チェルシーは，今日1日楽しく過ごしました。
> ずっとニコニコしていました！
>
> 　　　　　　　　　　　　　　　　　　　　　　　ミス・ロビン

⑥1週間後に電話をかける

　1週間が経ったところで，電話をかけると保護者に喜ばれます。以下のことについて役立ちます。

- 1週間の子どもの様子を保護者に伝える
- 保護者に質問や心配なことがないか尋ねる機会を持つ
- 提出してもらう重要な書類があれば，そのことに触れる

　電話で話す内容は，たとえば次のような感じになります。

> 　スミスさん，ザリはとてもよく馴染んでいますよ。クラスの手順にも慣れてきましたし，おもちゃで遊んで，サークル・タイムに参加しています。
> 　ザリのことで，何か聞いておきたいことや心配に思っていらっしゃることはありませんか？　また，青いカードと緊急連絡先のカードのご提出もよろしくお願いします。

⑦懇親会

9月の終わりごろの平日に,懇親会を企画することを検討しましょう。保護者同士が知り合ういい機会になりますし,情報交換もできます。
・カープール（※相乗りで子どもを送ること）
・子ども同士を遊ばせる
・サポートグループ

⑧毎週のニュースレター

毎週ニュースレターをつくり,月曜日に保護者が見られるようにします。以下のような情報を入れて,コミュニケーションを図りましょう。

ニュースレターに入れる情報の例	
・今週のテーマ	・お誕生日
・今週の言葉	・特別なイベント
・今週のコンセプト	・お休みの日

⑨クラスのウェブサイト

週次のニュースレターの代わりに,クラスのウェブサイトをつくることを検討してもいいでしょう。ただし,保護者がインターネットに簡単にアクセスできることを確認しておく必要があります。

⑩コミュニケーション・フォルダー

コミュニケーション・フォルダーをつくり,毎日教師と保護者の間を行き来するようにします。教師も保護者も,フォルダーに手紙を入れることで,コミュニケーションがとれます。保護者のための重要な書類も,ここに入れましょう。

⑪面談

　保護者には，いつでも電話，Eメール，手紙などであなたに連絡をとって構わないと伝えます。さらに，個人教育プログラム（IEP）を提出する月に面談を計画しましょう。

　その際には保護者の仕事などを考慮し，都合のよい時間帯を確認するようにします。仕事や家庭の都合，交通手段がないなどの事情により，直接会うのが難しい場合は，電話で話します。

　それぞれの子どものニーズによって，必要だと感じる面談の頻度は変わってくるかもしれません。

⑫パワーポイントのプレゼンテーション

　オープン・ハウスやアワード・デーなどには，パワーポイントのプレゼンテーションを作成することを検討しましょう。1年を通じて子どもたちがどんな活動をしてきたか，典型的な1日がどのようなものかを，保護者に見てもらうことができます。自分の子どもが他の子どもたちと交流している写真を見るのは，保護者にとって大きな喜びです。

さらなる高みを目指す

　特別支援学級の指導は，とてもやりがいのあるものです。ユニークな課題に直面する子どもたちが，過酷な世の中で役割を担って生きていく準備をするのです。

　毎日，ロビン・バーラックや多くの特別支援学級の教師は，最善を尽くしています。違いを尊び，枠にとらわれない発想を奨励します。偉大なリーダー，発明家，発見者が持っているのと同じ資質です。すべての教師が責任を持って行うべきことは，子ども1人1人の可能性を引き出し，さらなる高みへの道のりに力を貸すことです。

CHAPTER 6

35 　手を洗う

　　　　　　　手を洗う習慣は衛生的で，教室内でも外でも，
　　　　　　子どもが身に付けておくべきもの。手を洗う手順は，
　　　　　　　指導の時間や資源を効率的に使うことにつながる。

> **解決ポイント**
> 　些細なプロセスでも，じっくり考えて体系立てることで，子どもたちはうまくそれを取り入れることができます。「手を洗う」というシンプルな作業でも，手順がなければ教室が水浸しになったり，騒がしくなったりということになりかねません。

この手順は，以下の問題を解決します。

> 1．教室内の1つのシンクに子どもたちが集まり，互いに押し合う
> 2．子どもたちが石鹸，水やペーパータオル・ホルダーで遊ぶ
> 3．汚い手，あるいは濡れたままの手

212

特別支援学級の手順

背景

　手を洗う手順は，1日を通じて使われるものです。手が汚れる物を触った後や，食べ物を扱う前に実行します。

　保育園の特別支援学級の子どもたちは，午前中におやつの時間がスケジュールに組み込まれています。食べ物を触る前には，手を洗うよう子どもたちは教えられます。この学びは，家に帰ってからも日々実践できるものです。一貫性があることは，特別支援学級の子どもたちにとって，特に大切です。手順があれば，秩序が生まれ，子どもたちは教室で楽しく過ごすことができます。

手順のステップ

　子どもたちには初日に手を洗う手順を教えましょう。説明をする際には，手を洗って清潔にすることがなぜ大切なのかも話すようにします。

STEP 1　説明

　最初に手を洗うことになったとき，手を洗う時間だということを子どもたちに知らせます。

　子どもたちを並ばせ，あなたが先頭に立ってシンクまで連れていきます。助手に列の後ろについてもらって，子どもたちがきちんと1列になっているかを確認してもらいます。

　1人ずつ，子どもたちは手を洗います。シンクでは，あなたが以下の手助けをします。

1. 蛇口をひねる
2. 少量の液体石鹸を子どもの手に出す
3. よく石鹸を泡立てるよう指示し，水で洗い流させる（必要に応じて手を貸す）
4. ペーパータオルを渡す

子どもは，以下のことを行います。

> 1．ペーパータオルで手を拭く
> 2．ペーパータオルをゴミ箱に捨てる

手を洗う手順を守ってくれたことに，子どもに感謝します。
そして，次の活動にはどこに行けばいいのか，助手に子どもを案内してもらいます。

この手順を，子どもたち全員が手を洗い終え，次の活動に移るまで続けます。必要に応じてサポートする大人の数を増やしていきます。

STEP 2　練習

この手順を，ロールプレーで練習しましょう。子どもたちに，おやつの時間のふりをして，手を洗うために列になるよう，指示します。

石鹸や水，ペーパータオルは使わずに，子どもたちに手順通りに動いてもらいましょう。

子どもたちが手順を理解したとあなたが感じるまで，何回か練習します。子どもたち1人1人に，手順をどう守ってくれたかを伝えて，具体的に褒めましょう。

STEP 3　強化

子どもたちが手を洗う必要がある度に，どうして手を洗うのが大切なのかを話します。毎日，手順を正しく行ってくれていることに感謝します。もし，手順から外れる子どもがいたら，穏やかにかつ毅然と正しい手順に導きましょう。

36 おやつの時間

おやつの時間は言語能力，ソーシャルスキル，忍耐，自立心を養う。子どもたちは社会的な設定で席について食べ，おかわりが欲しいときには，礼儀正しくお願いすることを学ぶ。

> **解決ポイント**
> おやつの時間は，保育園のカリキュラムでとても大切なものです。くつろいだ時間ですが，秩序も保つようにします。栄養をとりながら，社会性を身に付け，学ぶ時間でもあるのです。

おやつの時間の手順は，以下の問題を解決します。

1. 子どもたちが食べ物や飲み物を持って歩きまわる
2. 子どもたちが自分のものではない食べ物に手を伸ばす
3. おやつの時間にどこに座るか，子どもたちがもめる

背景

おやつの時間には，社会性や言語能力が養われ，表現することや自立心が培われます。 ロビン・バーラックのクラスでは，学年の初めに保護者に順番で健康的なおやつ（クラス全体に行き渡るよう，1週間分）を持参するよう，お願いしています。

子どもたちが片づけをしている間，助手がおやつの準備をします。それぞれに子ども用にコップと紙ナプキンが用意されます。ジュースの入ったピッチャーとおやつが，各テーブルに置かれます。

CHAPTER 6

手順のステップ

おやつの時間の手順は，初日に教えましょう。手順は毎日練習し，集団でおやつを楽しむ習慣をつけます。

手順を守れない子どもがいたら，ルーティーンを修正して成功体験をつくり，おやつを楽しめるようにします。

STEP 1　説明

教室でも他の場所でも，何か食べる前には必ず手を洗うよう，説明します。手を洗う手順のおさらいをしましょう。

子どもたちが手を洗い終え，決められた席についたら，食べる前におやつの歌をうたいます。

> みんなのおやつの時間，みんなのおやつの時間
> みんなで食べて飲む時間，みんなのおやつの時間

あなたと助手が，それぞれのカップにジュースを注ぎ，おやつを配ることを伝えます。

おやつの時間には，その場にいる大人や他の子どもたちとおしゃべりをするよう，奨励します。おかわりをお願いするときには，言葉で伝えるか，絵のボードやコミュニケーション・ボードを使うように指示します。

もし食べたくない場合には，食べなくても構わないことを説明します。ただ，教室はレストランではないので，他の食べ物がほしいということはできません。教師がいいというまで，席についているようにします。

おやつを楽しく食べ終わったら，子どもたちはコップと紙ナプキンをゴミ箱に捨てます。

そして掲示してあるスケジュールを見て，次の活動に移ります。

STEP 2 　練習

　子どもたちのために，手順のお手本を見せます。手を洗うところから始め，おやつのテーブルに移動します。食べているふりをしましょう。
　もう少しおやつがほしい場合には，どう言えばいいかを教えます。「ミセス・バーラック，リンゴをもう一切れいただけますか？ お願いします」。
　そして追加でおやつを受け取ったら，どう言うかも伝えます。「ミセス・バーラック，リンゴをありがとうございます」。その内容には**「お願いします」**や**「ありがとうございます」**という言葉を手順の中に組み込みます。

　おやつの時間が終わったら，ゴミを捨て，次の移動場所を確認するやり方を見せます。絵で示してあるスケジュールを見せましょう。今どの時間で，次は何をするのかを，スケジュール上で見せます。
　おやつの時間から，次の活動の場所に移動する見本も見せましょう。
　あなたがもう一度各ステップを示すときに，一緒に行ってくれるよう，子どもの1人にお願いします。そして，あなたと同じことをするよう伝えます。動きを止めては，あなたが今何をしているのかを説明しながら手順を進めます。
　必要があれば，このプロセスを全員と繰り返し，「子どもたちに手順のステップを守ってくれてありがとう」と伝えます。
　そして，あなたの助けなしに，みんなに手順を示すことのできる人がいるか聞きます。途中で子どもがためらうようなら，すぐに手を貸して，手順通りに行えるようにします。
　練習がうまく行えたら，ちょうどおやつの時間であることを伝えます。みんなで一緒に座って，おやつを楽しみましょう。

STEP 3 　強化

　おやつの手順は，毎日子どもたちに教えるようにします。1週間経てば，みんなが楽しむルーティーンになるでしょう。みんなで歌をうたい，栄養をとってくつろいだ時間を過ごせるはずです。

CHAPTER 6

37 教室外へ移動する

子どもたちに秩序を守って，効率よくキャンパスの中を移動するよう指導をすれば，特別支援学級の子どもたちは学校の流れに馴染み，態度や身体的制約で注目を集めるということはなくなる。

> **解決ポイント**
>
> 特別支援学級の外にも，学校生活はあります。安全な教室の外に出るとき，子どもたちは不安で落ち着かない気持ちになるかもしれません。手順があれば，子どもたちは A 地点から B 地点への移動に集中し，安全に移動できます。

この手順は，以下の機会をもたらします。

> 1. 子どもたちは，自分たちを傷つけることなく，注目を集めることなく，他のクラスの妨げになることなく，秩序を持って廊下を歩く
> 2. 移動のための準備や移動の時間が効率よく使える

背景

ほとんどの活動は教室内で行われますが，体育，全校集会，メディア・センターでの活動などで，子どもたちが教室を離れることもあるでしょう。1つの場所から別の場所に移動するときに同じ手順を使うことで，活動に一貫性が生まれます。

手順のステップ

実際に移動する必要が生じる前に，移動の手順を教えましょう。手順を細かいステップに分け，少しずつ増やして説明するようにします。そうするこ

とで，子どもたちは各ステップで成功体験ができます。1つのステップができるようになったら次のステップに移り，最終的にすべての手順がうまくできるようにしましょう。

STEP 1　説明

教室を離れるときがきたら，子どもたちにそのことを知らせます。以下は，子どもたちが移動する際の3つの合図です。

1	2	3
立つ（あるいは身体的ハンディキャップのある子どもは，注目する）	教師が自分の名前を呼ぶのを，待つ	名前を呼ばれたら，移動してドアの前に並ぶ

子どもたちが1列になったら，体育館，講堂，メディア・センターなど，目的地を告げます。動き出す前に，以下の注意事項を伝えます。

1．前の人の後ろから離れない
2．手を後ろで組む
3．静かにする

動き出す前に注意事項を伝えることで，子どもたちは移動しながら話を聞くのではなく，歩くことに集中できます。

あなたが先頭に立ち，目的地まで移動します。ゆっくりと歩くよう，気をつけましょう。状況により，歩くことが困難な子どもを列の一番前に配置し，困難のない子どもをうしろに配置します。助手は列の最後尾につき，手順から外れた子どもがいたら手助けをします。

教室の外での活動が終わったら，以下のことをするよう，伝えます。

CHAPTER 6

> 1．教師の指示を聞くこと
> 2．決められた場所に並ぶこと
> 3．教師が先頭に立って，教室に移動を始めるまで待つこと

　このことを確認するために，教室を出るときの準備と同じ位置に並んでもらいましょう。
　目的の活動を開始してもらいます。

　活動が終わったら，こう言います。「あと2分で決められた場所に並ぶ時間です。教室に戻る準備です」。

　2分間が経ったら，こう言います。「決められた位置に並んでください。教室に戻ります」。
　教室に戻る前に，移動の手順を再確認します。

> 1．前の人の後ろから離れない
> 2．手を後ろで組む
> 3．静かにする

　手順から離れた行為がないか，確認します。必要に応じて，穏やかにかつ毅然と子どもを正します。助手にも，教室に戻るまで子どもたちの様子に注意してもらいましょう。
　移動中，子どもたちが正しい手順を守ってくれていることに，感謝します。教室に戻ったら，もう一度正しい手順に従ってくれたことに感謝します。そして，教室から別の場所に移動するときには，常にこの方法で行うことを伝えます。

STEP 2　練習

　実際に移動が予定されている日の前日に，この手順を練習しましょう。初日には，他に覚えることがたくさんあります。ちょうどいいタイミングを見

計らって指導を行うことで，子どもたちがステップをしっかりと覚えられるようにします。

　他の子どもたちが教室にいる時間帯に練習を行い，あなたのクラスの子どもたちの気が散らないようにします。あなたが見本を見せる間，子どもたちはあなただけに集中できます。

　子どもたちが「教室を離れ，新しい場所に移動する際にはどうすればいいのか」を完全に理解したとあなたが感じるまで，練習します。手順を行うときには一貫性を大切にし，ルーティーンになるまで辛抱強く指導します。

STEP 3　強化

　手順を行っているときは，できるだけ子どもの様子を見るようにし，正しく行っていることに感謝します。子どもたちが手順を守るたびに，次のように笑顔で言うことで，強化を図ります。「みんな，静かに1列に並んで歩いて，他の学級の妨げにならないでいてくれて，ありがとう」。

　正しく行っていたことを具体的に伝え，次に教室から移動するときにも同じようにするよう，勇気づけます。

移動する際のアイデア

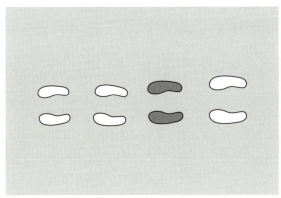

床に取り付けられた足型は，子どもたちがどこに並びどのくらいの間隔で立つべきかを把握するのに役立つ

CHAPTER 6

38 子どもの不安を解消する

通常の学級にいる特別な支援が必要な子どもは，不安やフラストレーションを感じることが度々ある。適切なサポートと秩序があれば，こうした子どもたちは問題なく生活することができる。

> **解決ポイント**
>
> 特別な支援を必要とする子どもが一般教育の環境に置かれたとき，授業中に不安やフラストレーションを感じることがあります。こうした感情は，叫ぶ，泣く，退出する，モノを投げるなどの行動として表れるかもしれません。

子どもが感情が抑えられないと感じたときのために，手順を用意することで，以下の問題が解決できます。

1. 授業の中断を最小限にとどめる
2. 特別な支援を必要とする子どもが，ネガティブな注目を集めずにサポートを受けられる
3. 適切な「代替行動」を強化する

背景

まわりに合わせることや，みんなと同じように課題を完成させようとすることが，特別な支援の必要な子どもの問題行動につながることがあります。

「取り残された」と感じたり，クラスメイトたちに追いつこうとしたりすると，コントロールのきかない状態で感情が表に出る場合があるのです。こうした感情を完全になくすことはできませんが，自分やまわりをなるべく傷つけることなく，こうした感情を他に向けることを教えることはできます。

不安になったときの手順を教えることで，授業への影響を最小限に抑え，ネガティブな注目を集めることなく，子どもをサポートすることができ，適切な「代替行動」を強化できます。

手順のステップ

子どもを観察し，どういう問題行動が起こっているのかを見極めます。誤った臆測を避けて問題を特定するために，以下を自問しましょう。

- 子どもはどのような態度をとっているか
- いつ，どこでそのような態度が出てくるのか
- そうしたとき，子どもはどのような発言をしているか
- ほかに関係している人はいるか
- どのような状況で，なぜ，そのようなことが起こるのか

適切であれば，教室でのふさわしい態度について，本人とブレインストーミングを行いましょう。その前に，以下の質問に答えられるようにしておきます。

- 叫んだり，泣いたり，モノを投げたりする代わりに，子どもにどうしてほしいか
- どうすれば特別な支援が必要な子どもが，自分の不安やフラストレーションに対処してもらっていると感じられるか

子どもが不安やフラストレーションを感じたときに使える，手順をつくります。

幼い子ども用には，手順を1人称で書きましょう。学年が上の子どもには，3人称にします。 手順のステップは，前向きで意味があり，子どもにとって的を射ていることが大切です。

以下に，子どもの視点でまとめた手順の例を挙げます。

CHAPTER 6

> ときどき，先生は席で，あるいはグループで作業をするように言う。
> ぼく／私は，すべての作業をうまくやり遂げたい。
> ときどき，取り残されるんじゃないかと不安に思う。
> 先生は，「大丈夫，取り残されたりしない」と言う。
> 先生は，「終わる時間はそれぞれにみんな違う」と言う。
> 友達が終わっていて，ぼく／私がまだ終わっていなくても大丈夫。
> 不安になり始めたら，次の2つをする。

> 1．机の横に「スマイリー・フェイス」の磁石を貼る
> 2．そのまま静かに作業を続けていると，先生が様子を見に来てくれる

不安やフラストレーションというような抽象的なものは，視覚的に示すことができます。「スマイリー・フェイス」のような絵があると，ステップ毎の手順がよりわかりやすくなります。手順には，ほかにも次のようなイラストを織り込むといいでしょう。

- ☑ 穏やかな，安心感のある教師
- ☑ ぐったりした様子の子ども
- ☑ 前向きにサポートする同級生たち
- ☑ いつもどおりの，自信を持ったいい状態の子ども

手順のコピーを，子どもと保護者に渡します。不安やフラストレーションが起こる前に，子どもと保護者にこの手順について説明しておきます。必要であれば簡易バージョンもつくり，子どもがいつでも見て確認できるようにしておきます。

STEP 1　説明

　子どもに，手順のステップを読んで聞かせます。それぞれのステップを説明し，どういう意味があるのかも伝えます。

STEP 2　練習

　子どもがフラストレーションを感じるかもしれないという設定で，ロールプレーを行いましょう。手順通りに行動することで，こうした感情を克服するやり方の見本を見せます。実際にやってみせながら，言葉でも説明します。

　安心できる環境で，子どもにも手順の練習をしてもらいましょう。

STEP 3　強化

　何度でも，この手順を子どもと振り返りましょう。手順がルーティーンになってくれば，頻度を下げます。あなたはいつでも助けてあげるためにいるので，恥ずかしがったり，不安に思ったりせずにサポートを求めるよう，子どもに伝えます。

CHAPTER 7
教師のための手順

CHAPTER 7

39 転入生のためのオリエンテーション*

*CHAPTER 7の手順は，子どもに教えるためのものではありません。これはステップを追ってやり方を示した，「教師のための手順」です。

> 転入生をクラスに迎え入れるのに子どもたちを巻き込むことで，
> 子どもたちの仲間意識を高めることができる。
> 教師は転入生に気をとられずに，指導を続けることができる。

> **解決ポイント**
> 転入生が来ても，その日の流れを変えなくて大丈夫です。新しくクラスに入った子どもを歓迎する計画があれば，指導の時間を削ることはありません。毎日のルーティーンはいつも通りに進めます。それでいて転入生は，歓迎されていると感じることができます。

この手順は，以下の機会をもたらします。

1. 学級がどのように運営されているか，転入生に紹介する
2. 転入生は，歓迎されていると感じる
3. 中断は最小限にとどめられ，クラスは学習を続ける

背景
新しい子どもがクラスに入ることになったとき，教師は事前に知らされていなかった，ということがよくあります。新しい子どもが姿を見せる直前に，メールや用紙で子どもの名前を知らされることも，珍しくありません。
中学校では，特に転入生が多い傾向にあります。子どものスケジュールやクラスは，よく変更されます。授業を始めようとしたとき，あるいは授業中

に新しい子どもが教室に入ってくることもあります。そこで指導の時間を無駄にすることはありません。あらかじめ準備しておけば、あなたが授業を続ける間に、その子どもは必要な情報をすべて受け取ることができるのです。

手順のステップ

転入生を歓迎するのは、学校全体で力を入れるべきことです。 クラスの子どもたちに手助けをしてもらうことで、新しい子どもが学級のルーティーンに馴染む間、あなたは授業を続けられます。

新しい子どもをクラスにスムーズに受け入れるためには、事前の準備が大切になってきます。

STEP 1　転入生用のカゴを準備する

年度初めに、子どもたちに渡した書類一式の予備を入れたカゴを用意します。以下のようなアイテムが入ります。

フォルダーや茶封筒も一緒にカゴに入れておくと、子どもが書類をまとめておくのに便利です。

①クラスのルールと手順	④緊急の場合の合図と手順
②学校の地図	⑤各種許可証
③必要な持ち物のリスト	⑥転入生のためのチェックリスト

STEP 2　転入生の歓迎役になるよう、子どもを指導する

教えているのが小学生であれば、クラスの仕事として**「転入生の歓迎係」**をつくりましょう。1年を通じて、交代で担当するようにします。

中学生であれば、科目毎に転入生の歓迎係を決めておきます。

歓迎を担当する子どもには、親しみやすく話しやすい、いいコミュニケーションを心がけてもらいます。新しい子どもが入っていきたら、歓迎係はカゴから転入生用の書類一式を取り出します。歓迎係が転入生に中身を説明できる場所を決めておきましょう。

このように転入生をクラスに迎える担当係を決めておけば，教師は指導に集中できます。また子どものほうも，授業の妨げになることを気にせずに質問ができます。さらに，慣れない環境で親しみを持って迎えられ，ランチも歓迎係の子どもと一緒に食べられます。

歓迎係には，Eメールや電話番号を教え合うことも奨励し，新しい子どもがクラスに慣れるまで，質問などをできるようにします。

STEP 3　クラスでの番号を決める

ほとんどの学校では，名簿はアルファベット順（日本では，名前順）に番号を振ってあります。この番号は複数の用途に使えます。

- 子どもが用紙などに記入するID番号として
- 座席表に
- コンピュータ端末の割り当てに
- グループ分けに

クラスの子どもが引っ越しなどで減った場合，新しい子どもを受け入れる枠ができます。その場合，新しい子どもが入っても全員の番号を変えることはありません。子どもには以下のいずれかの番号を割り当てましょう。

- 最後の番号の次の番号
- 転校した子どもの番号

クラスの名簿は，アルファベット順に名前が並んだリストではなく，「番号のリスト」として捉えましょう。

STEP 4　デジタル写真の座席表をつくっておく

クラスに定期的に登録の変更がある場合，デジタル写真で座席表をつくっておくと，便利です。歓迎係の子どもには，表の管理方法を教えましょう。

- クラスのウェブカムを使って，新しい子どもの写真を撮ります。
- 写真を表に追加します。

STEP 5　転入生用のチェックリストを用意する

　歓迎係が使うために，転入生用のチェックリストをつくっておきます。大切な情報を伝えたかどうか，確認するためのものです。歓迎係は必要なことをすべて説明したら，チェックリストにイニシャルで署名をします。
　チェックリストに載せる項目の例を挙げます。

- ☑ 転入生に，転入生用の資料一式をカゴから取り出して渡す
- ☑ クラスのウェブサイトと，教師のEメールアドレスを示す
- ☑ 学校のルールを説明する
- ☑ クラスの手順を説明する
- ☑ 必要な持ち物を説明する
- ☑ ノートをどのように使うか，説明する
- ☑ 提出する用紙の，頭書の書き方を教える
- ☑ クラスの番号がどう使われるのか，説明する
- ☑ 許可証について，使い方を説明する
- ☑ 新しい子どもに学校の地図を渡す
- ☑ 緊急の場合の手順を説明し，非常口の場所を示す
- ☑ クラスの宿題の手順を説明する
- ☑ 新しい子どもに，質問がないか尋ねる

　　新しい子どもの名前：
　　チェックリストの内容を共有した日：
　　新しい子どもの歓迎係の名前：

STEP 6　新しい子どもをクラスに紹介する

　指導の切れ目や授業の終わりに，新しい子どもをクラスの他の子どもたちにも紹介しましょう。

CHAPTER 7

40 怒りやすい子ども

> 怒っている子どもに怒り返すのでは，火に油を注ぐことになる。子どもを理解し，成果を上げるコミュニケーションを心がければ，怒りの炎は消えていく。

> **解決ポイント**
> 怒っている子どもに対して計画に基づき，感情をコントロールできるよう誠実に向き合う教師は，子どもを職員室に行かせることでその場を収めようとする教師より，はるかに成果を上げられます。あなたが気にかけていることを示せば，子どもはそれを感じ取ります。

この手順は，以下の問題を解決します。

1. 子どもが教室に入ってきたときに怒っている，あるいはクラスで怒り始めたらどうすればいいのか
2. 怒っている子どもとの対立を避ける

背景

中学生は1日中教室を移動していて，それぞれの移動時間は3～5分程度が一般的です。休まる時間というのは，ほとんどありません。ですが，子どもはときに，前の授業での不快な出来事について考えたり，気持ちを切り替えたりする時間が必要になります。

怒りや不満を感じたときの手順を，子どもたちに用意しましょう。**どう行動するか，子どもに選ばせるのです。**その上で，もし必要があれば，あなたが介入するようにします。

教師のための手順

> 1. 「少し時間が必要です」という合図のジェスチャーを決めます。子どもがそのジェスチャーをしたら，その意志を尊重して，少しそっとしておきましょう
> 2. 気持ちを落ち着かせるための空間を用意します。その場所にいる時間には制限を設け，同じタイミングでいられるのは1人だけにします。そのスペースを必要としていることを自分で判断した子どもを尊重します
> 3. 「今日はうまくいっていません」という合図も決めます。その場合，あなたがどう対処するかを知らせておきます

　子どもたちは，自分たちの感情の乱れに対し，あなたが一貫性のある計画を準備しているということを心強く思います。計画を準備していることで，大変だった日に，心を落ち着けて冷静さを取り戻す時間が必要なことを，あなたが理解してくれているとわかるからです。

クラスの統制を保ち，子どもたち全員が安心して学べる環境を維持するのがあなたの仕事です。

手順のステップ

　怒りを爆発させるのは，感情的な反応です。こういう子どもに対して厳しく接すると，状況はさらに悪くなっていきます。あなたが落ち着きを失わないことで，激高した子どもを静め，授業を進めることができます。

STEP 1　穏やかに，主導権を保つ

　学校で感情をあらわにし，秩序を乱すような態度（ぶつぶつ言う，威張る，悪口を言う，冷淡に振る舞う，頑固になるなど）をとる子どもは，実は**助けを求めている**のかもしれません。こうした態度を頻繁にとる子どもに対しては不満を覚えやすいものですが，その子どもと向き合って信頼と協力を得るほうが効果的です。

　教室に怒った様子で入ってきたり，クラスで怒りを爆発させたりする子どもは，教師が怒り返すことを想定しています。衝突に対して準備しています

し，むしろそれを望んでいる節さえあります。そのため，必ず穏やかさを保ちましょう。以下のような態度はいけません。

- 怒っている子どもを脅す
- 子どもに対して怒り返す
- ショックを受けて無力な様子を見せる
- 子どもに対して大声を上げたり，言い合いをしたりする

こうした態度は，子どもの怒りをあおり，「自分が主導権を握っている」という思いを強くさせてしまいます。あなたは，プロとしての態度を崩さないようにしましょう。穏やかで，理解ある，対立的でない教師が，こうした状況の主導権を握ります。ひいては教室全体の主導権を保つのです。

STEP 2　理解を示す

成果を上げる教師であっても，子どもに何かを強いることはできません。 子どもたちが適切な態度をとり，クラスの手順やルールを守るのは，以下の理由からです。

- 教師を尊敬している
- 明確なルールと手順を理解している
- 社会的に適切な態度を教わっている

怒っている子どもを人として尊重し，その思いに共感してみましょう。ただし，迷惑な態度を大目にみることはしません。教室から出して，職員室に行かせても問題の解決にはなりません。あなたは「闘いに勝った」という気になるかもしれませんが，子どものほうはどうでしょう？　子どもはいずれ教室に戻ってきます（その授業中か，もしくは翌日でしょう。また同じことが起こったら，あなたはどうしますか？　何度でも，同じことを繰り返すのでしょうか？）。

怒った子どもは，穏やかな前向きな反応を想定していません。その意外性

だけでも，怒りは収まるかもしれません。

　もし怒りが続くようなら，誠実な態度で理解を示しましょう。声の調子は，とても大切です。教室に入ってきた子どもが怒りをあらわにしていたら，こう言います。「今日は怒っているみたいね。でも，静かに席についてもらえる？　みんなが始まりの課題に取り掛かったら，話し合いましょう」。

　席につくよう指示するとき，**指でささないようにします**。教師の，攻撃的な態度だと解釈されかねません。軽く手で示すような感じならいいでしょう。

STEP 3　子どもに，落ち着く時間を与える

　怒っている子どもに対して，すぐに始まりの課題に取り掛からせるのは，対立的だと受け止められかねません。みんなと離れた場所で，机に顔を伏せて気持ちを落ち着かせることを提案しましょう。

　数分経ったら，紙にその日あった嫌なこと，怒りにつながったことを，すべて書き出すよう，すすめます。このリスト作成には，**電子機器を使ってもいいという選択肢を子どもに与えましょう。選択肢を与えることで，問題の原因となったことから，気持ちが逸れます**。

　少しゆっくり文字を書くことで，子どもは自分の怒りを分析する余裕ができて落ち着いていきます。

　幼児の場合，教室の中にクレヨンで自分の気持ちを表現できる場所をつくりましょう。幼児は，自分の気持ちを言葉で表現できないかもしれませんが，色を塗ったり絵を描いたりすることはできます。4年生くらいなら一般的には自分の気持ちを言葉にして書くことはできますが，怒って不満を持っているときには，色を塗ったり絵を描いたりするほうが，気持ちが早く落ち着き，より効果的かもしれません。

STEP 4　プロとしての態度を保つ

　落ち着く時間をとるよう，子どもにすすめたら，あなたはクラスの学びを達成する仕事に戻ります。怒っている子どものそばにいることは，ありません。

CHAPTER 7

　成果を上げる教師は，怒っている子どもに対して怒りや動揺を見せずに，授業を続けます。少し時間をとってあげることには，以下の効果があります。

- 子どもは落ち着く時間を持てる
- 教師には，状況を分析する時間ができる

　あなたの最善の防御は，「プロ意識」です。

STEP 5　子どもと話す

　子どもたちが始まりの課題を行っている間，穏やかに怒っている子どものそばにいきます。すぐに話したいか，あるいは授業の後か放課後に話をしたいかを聞きます。**ここでも，子どもに選択肢を与えます**。選択肢があると，子どもは追い詰められていると感じにくくなります。

　もし，子どもが話したいと言ったら，廊下，もしくは静かな場所に連れていきます。**決してほかの子どもたちがいるところで，問題に対処してはいけません**。問題は解決するどころか，大きくなってしまいます。

　ゆっくりと優しく話しかけます。言い争いをしたり，皮肉を言ったりはしません。子どもとアイコンタクトをとりますが，じっと見つめてはいけません。理解を示し，怒っていた原因を尋ねます。

　もし，不満に思っていることを書いていたら，見せてもらってもいいかを聞きましょう。**常に「いい聞き手」でいることを心がけます**。

　怒っている子どもは，衝突を想定しています。プロ意識を保ち，思いやりを持って接しましょう。あなたの成すべきことは，解決に向けて前向きな雰囲気をつくることです。怒りを増長させることではありません。

　子どもの話を聞くのに長くかかりそうであれば，クラスに支障が出ないように，以下を提案しましょう。

- 授業の後に話す　　　　・放課後に話す
- 学校のカウンセラーのところに行き，問題について話す

STEP 6 　成果を上げるコミュニケーションをとる

　怒っている子どもは，説教を求めてはいません。話を聞いてほしいのです。子どもと話すときには短い言葉で，あなたが理解していることを伝えます。

　話すときには，**できるだけ子どもの名前を織り交ぜます**。怒りは毎日起こる感情ではなく，子どもは普段の自分ではない状態です。名前を呼ばれることで，子どもは普段の自分を取り戻しやすくなります。

　もし，あなたが言ったことに反応して，子どもが怒りを爆発させていたのだとしても，考え込んだりしないようにします。子どもの名前を呼んで，こう言いましょう。「あなたが正しいかもしれないけれど，クラスに貢献する手順を忘れないでね」。そして，授業を続けます。プロらしくない態度で，怒りのコメントに反応してはいけません。教師が穏やかに状況に対処すれば，子どもは感心します。嫌な感情は持ち越さず，先に進みしょう。

STEP 7 　ボディーランゲージを有効に使う

　怒っている子どもと話をする際には，ボディーランゲージに気をつけます。

ボディーランゲージの留意点
・子どもに近づき過ぎてパーソナル・スペースに侵入すると，攻撃的だと受け止められかねません。
・話すときに腰に手を当てるのも，攻撃的だと受け止められる可能性があります。
・胸の前で腕を組むのは，守りの姿勢です。
・うしろで手を組むのは，不満を持っていると解釈される可能性があります。
・指でさすのは，対立的だととられかねません。
子どもに，あなたの誠意を見せましょう。
・誠実で，心を開いていることを伝えるために，手のひらを上に向けて話しましょう。
・子どもの話に心から関心を持っていることを伝えるために，首を少し傾けましょう。
・理解していることを示すために，笑顔でうなずきます。

CHAPTER 7

STEP 8　タイムアウトの手順を確立する

　成果を上げる教師は，事前に計画を立てます。もし，クラスに怒りのコントロールがうまくできず，頻繁に感情的になる子どもがいるなら，その子どもが落ち着くためのタイムアウトの手順が必要です。

　タイムアウト・カードを使う方法は，とてもうまくいきます。各5分間のタイムアウト・カードをつくっておきましょう。子どもが落ち着く必要があるときには，あなたがタイムアウト・カードを渡して，以下の行動を促します。

・教室で顔を伏せて，静かに座る
・他の教師の部屋（事前に同僚と取り決めをしておく）で座る
・廊下かカウンセラーの部屋で座る

　タイムアウトがあれば，子どもは教室で注目を集めることなく，落ち着いて考える時間と空間を持つことができます。

41　子どもが亡くなったら

クラスメイトの死を受け止めるのは，クラス全体にとってトラウマになり得る体験である。子どもたちは，予想外の反応を示すことがあるが，柔軟性と包容力を持つことで，教室に思いやりのある雰囲気が生まれる。

> **解決ポイント**
>
> 　不幸があったら，あなたは子どもたちと自分自身に，悲しむ時間を与えなければなりません。授業のスケジュールを調整し，子どもたちに悼む時間を持たせます。またこの辛い時期に，子どもが求めているものに対して敏感でいましょう。クラスメイトを失った子どもにとって，あなたの態度が安らぎと支えになります。

この手順は，以下の機会をもたらします。

1. 喪失に対処する
2. 通常のクラスのルーティーンに戻る

背景

　人気のあった子どもが亡くなり，学校は喪に服しています。子どもたちは廊下でささやき合い，泣き，抱き合います。教室を見まわしても，赤い目をした子どもが少なくありません。子どもたちは，心ここにあらずといった様子で集中せず，怒っているように見える子どももいて，指導するのも大変です。あなたも否応なしに，影響を受けます。

　不慮の出来事に対して準備しておくことで，通常の状態に戻すのに必要な一貫性を維持することができます。

CHAPTER 7

手順のステップ

STEP 1　柔軟性を持つ

　子どもが亡くなったことが発表されたら，カリキュラムに関して柔軟性を持ちましょう。

> ・テストが予定されていたら，延期する
> ・子どもたちに，静かに読書をさせる
> ・教師を中心に話合いを行い，子どもたちが感情を出せるようにする
> ・学校のカウンセラーに，クラスで話してもらう
> ・子どもたちは，必要に応じてカウンセラーのオフィスに行く

STEP 2　子どもたちに話をさせる

　子どもたちに，亡くなった子どもへの感情や思い出をみんなと共有する時間をとります。

　学校によっては危機管理センターを設け，子どもたちが学校のカウンセラーのガイダンスを受けられるようにしています。明らかに動揺が見られる子どもには，この危機管理センターに行くようにすすめましょう。

　あなたも，空いている時間やランチタイムに危機管理センターを訪れます。子どもたちと一緒に座って話をしましょう。**あなたが悲しみに寄り添ってくれていると実感することが，子どもたちには何よりも大切です。**

STEP 3　子どもたちに悲しむ時間を与える

　子どもたちには，悲しむ時間が必要です。ただ，これは永久に続いていいものではありません。

　亡くなった子どもが，クラスにいなかったかのように振る舞うのはよくありません。教室には，その子どもの机を置いたままにしておきます。お葬式が終わるまでは，机を動かしたり，教室のレイアウトを変えたりしないようにしましょう。

机は祭壇のようになるべきではありませんが，子どもが，もうそこにはいないこと，教室には戻らないことを，子どもたちが理解する時間が必要です。場合によってはご遺族にお花を持っていったり，手紙を書いたりすることをすすめましょう。

　子どもたちに悲しむ時間を与え，同時になるべく秩序も保ちます。ルーティーンとなっているクラスの手順は，維持します。子どもたちの感情の動きは個々に異なります。全員のニーズを考慮して，前に進みましょう。なるべく早く，通常のクラスのルーティーンに戻すようにします。

STEP 4　よく観察する

　時間が経ち，クラスのルーティーンが戻ったときに，「急に成績が落ちる」「無気力になる」「突然怒り始める」といった症状の出ている子どもに注意します。こうした子どもたちは喪失と向き合うのに，もう少しカウンセリングの助けを必要としているかもしれません。

STEP 5　敏感になる

　人気のあった子どもの死は影響が大きいかもしれませんが，あまり目立たなかった静かな子どもの死も，同じ重さで扱います。

　子どもによっては，過去に体験した死別や現在の家族の病気のことと関連付けて悲しみ，トラウマを感じるかもしれないことを，理解しておきます。

　文化的な違いにも敏感でいましょう。亡くなった人を静かに悼む文化もあれば，悲しみを表に出す文化もあります。こうした違いを尊重し，遺族の精神的な信仰にも配慮します。子どもたちは，みんな同じように悲しむと思わないようにします。

STEP 6　あなた自身のケアをする

　教え子を亡くすことは，あなたにとってもトラウマになり得ることです。あなたが悲しんでいるところを，子どもたちに見せて構いません。自分たちの感情に気付くのに，役立ちます。

　喪失を悲しみ，対処するには時間がかかります。学校のカウンセラーや同

僚の教師たちが，この大変な時期に子どもたちを支える力になってくれるでしょう。

STEP 7　区切りをつける

　クラスがもとの状態に戻ってきたら，亡くなった子どものファイルを準備します。ファイルと，子どものロッカーに入っていた持ち物をカウンセラーに預けます。ご遺族に渡してもらうためです。

　できれば，お葬式には参列しましょう。辛いかもしれませんが，子どもたちは思いやりのある教師の支えを必要としています。また保護者も，子どもの教師の存在を有り難く感じるものです。

　気にかけてくれたことを，みんなが忘れることはありません。ゲストブック（芳名録）に記帳するときには，子どもの教師であることと，担当科目も書きましょう。「ミセス・ジョーンズ，ジョンの2年生の英語教師」といった具合です。

　教師の示した敬意は，子どもの遺族に感謝され，区切りをつけるのに役立ちます。

STEP 8　通常のクラスのルーティーンに戻る

　亡くなった子どもがいない，最初の授業はとても辛いものです。子どもたちは話し，泣き，悲しみ，友達に慰みを求めるでしょう。大切なのは，子どもたちはクラスがもとの状態に戻るのに，教師を頼りにするということです。

　2日目には，適切なレベルまで，もとの状態に戻します。

　お葬式が終わったら，次の日から通常のスケジュールに戻しましょう。子どもたちが教室に入ってくる前に，亡くなった子どもの机を教室から移動させ，机の配置を変えます。これは短期的なものでも構いません。新しい座席表もつくります。

　子どもたちとルーティーンを見直し，強化したほうがいいものがあるかを考えます。

　教材には気を遣いましょう。悲しみを思い出すような内容が含まれているものは避けます。

教師のための手順

42 保護者が亡くなったら

子どもの保護者が亡くなったら，全員が影響を受けることになる。
子どもたちや他の保護者たちの力になると同時に，
自分自身のケアも忘れないようにする。

> **解決ポイント**
>
> 子どもの保護者が亡くなったら，あるいは病気で末期症状になったら，あなたがそのときの対処法を把握していることが，悲しみの過程で役に立ちます。
>
> 悲しむ時間をとり，同時になるべく早くクラスをもとの状態に戻すよう，心がけます。同じような経験をした人がいれば，話を聞いて助言を仰ぎましょう。

この手順は，以下の機会をもたらします。

1. 子どものトラウマを軽減する
2. 子どもの集中力を保つ
3. 子どもたちが喪失に対処するのを助ける

背景

　子どもの保護者が亡くなったら，クラス全員が喪失を感じます。もし保護者が積極的にボランティアに参加していたり，クラスとの関係が深かったりしたのなら，なおさらです。

　理解を示し，柔軟に対応し，よく注意を払ってみんなの力になりましょう。

手順のステップ

思いがけない不幸に直面したとき，どう対処するかをわかっていれば，あなたは大変な時期に子どもたちを導く力と自信を持つことができます。

STEP 1　柔軟性を持つ

子どもが亡くなったときと同様に，不幸の直後は，カリキュラムに対しても子どもたちに対しても，柔軟性を持たなければなりません。予定されていた授業やテストは延期にしましょう。

その代わりに**読書の時間**，**話合い**，**絵を描く**，**文章を書く**といったことを行い，子どもが感情を出せるようにします。

STEP 2　子どもたちに話をさせる

亡くなった保護者の思い出や遺されたクラスメイトに対する思いを，子どもたちに話してもらいます。悲しみの感情を分かち合いましょう。学校のカウンセラーや指導主事に，クラスで話をしてもらいます。

STEP 3　子どもたちに悲しむ時間を与える

子どもたちや他の保護者たちが，それぞれのペースとやり方で悲しむのを見守ります。遺された子どもに手紙を書いたり，絵を描いたりすることをすすめましょう。クラスメイトに対するサポートの気持ちを，形にすることができます。それと同時に手を動かすことは，悲しみに沈む子どもにもよい作用を及ぼします。

子どもたちはなるべく早く，もとのルーティーンに戻る必要があります。保護者を亡くした子どもが学校に戻ったら，これは特に重要です。通常のクラスのルーティーンに戻っていないと，不幸に対処するのはより大変になり得ます。

STEP 4 　よく観察する

　子どもたちをよく観察し，話を聞きましょう。悲しみをあまり表に出さない子どももいるかもしれません。特に悲しみを口にはせずとも，授業に身が入らない子どももいます。こうした子どもたちには，カウンセリングが必要かもしれません。

　保護者に連絡をして，気付いたことを共有したほうがいい場合もあるでしょう。

STEP 5 　気持ちを強く持つ

　あなた自身も，喪失を悲しみ，気持ちの整理をする時間を持ちましょう。同僚の教師と話をしたり，必要に応じてカウンセリングを受けたりするといいでしょう。悲しみのプロセスは予想がつかないものなので，ゆったりと構えます。

　お葬式に参列することで，気持ちの区切りがつくかもしれません。遺された子どもや遺族は，あなたのサポートを必要としています。ゲストブック（芳名録）やメモリーブックに記帳します。クラスにどう関わってくれていたか，保護者との個人的な思い出を話せば，子どもは何年経っても，そのことを忘れません。

CHAPTER 7

43 臨時教員のためのハンドブック

*臨時教員のためのハンドブックは，あなたが不在のときに
指導する教師が，授業の準備をするのに役立つ。
子どもたちにとっても，いつもと変わることなく，学びが継続する。*

> **解決ポイント**
>
> 　臨時教員のためのハンドブックには，臨時教員がうまく教えるために必要な情報がすべて入っています。このハンドブックがあれば，臨時教員は苦労することなく，1日を終えられるでしょう。生産的な1日で，あなたがいない間も，子どもたちの学びは途切れることなく継続するはずです。

この手順は，以下の機会をもたらします。

1. クラスがどのように組織立っていて，運営されているかを臨時教員に知らせる
2. 教師が不在の間，子どもたちの学びに対する影響を最小限に抑える
3. 臨時教員が成功するよう，準備する

背景

　高速道路で車が故障する，子どもが病気になる，家族に緊急事態が起こる。教師というのは，世界でも最も勤勉な働き者ですが，数時間，あるいは丸1日，さらには数日間，学校を離れなければならないこともあります。
　学校が臨時教員を手配しますが，**教室を離れる間，子どもたちの学びを維持する責任は，あなたにあります。**

教師のための手順

　臨時教員は一般的に，各授業の開始時間と終了時間が書かれたスケジュールを受け取ります。ですが，授業計画がなければ，あるいは授業が計画のどの段階まで進んでいるのかがわからなければ，臨時教員は途方にくれることになります。そうすると，メディア・センターでの自由時間にする，体育の時間を延長する，ビデオを見せて時間を埋めようとする，という手段を取ることになります。

　臨時教員は，教師です（単なる子守りとは違うのです）。あなたが計画している休暇や突然の休みにも対応できるよう準備しておけば，子どもの学びが犠牲になることはありません。

　あなたがあらかじめ臨時教員に情報を伝えておき，子どもたちにも何を期待しているか伝えておけば，あなたがいない間も，確立されたクラスの手順やルーティーン，ルールは守られます。1日に最大約150人の子どもを見なくてはならない臨時教員が成果を上げるためには，必要なすべての情報を共有しておかなければなりません。

　子どもたちにも，あなたが休みのときも，クラスの手順やルーティーン，ルールを守るよう，指導します。授業計画通りに，学びは継続されます。すべての作業は，あなたが教えているのと同じように行われます。

手順のステップ

　臨時教員のハンドブックは，情報を見つけやすいよう，整理しておきます。内容を常に最新に保てるよう，用紙の入れ替えができるバインダーにまとめましょう。見出しをつけ，探している情報が見やすいようにします。特別な用紙はポケット状のものに入れ，一緒に閉じます。

STEP 1　ウェルカム・レター

　あなたが不在の間，授業を受け持ってくれることに感謝する手紙を書きましょう。子どもたちは手順，日々のルーティーン，ルールを守らなくてはならないことなど，たとえ見ている人がいなくても守るべきことはわかっていることを強調しておきます。

STEP 2　名簿と座席表

　もし，名簿を電子ファイルで管理しているなら，印刷するのは簡単です。名簿には名前のリストに出席，欠席あるいは遅刻と印をつける欄があります。電子で管理していない場合は名簿のコピーをとり，バインダーに入れます。

　子どもたちが科目毎にどこに座るかを示した座席表は，出欠を確認する際に，また学級経営の観点からも便利です。

　出欠を確認したら，名簿をどうすればいいのか，その情報も入れておきます。たとえば職員室に戻す必要があるのなら，各クラスで，どの子どもが持っていく役を担うのかなど，詳細に書いておきます。

STEP 3　子どもに関する情報

　子どもに関する大切な情報を，リストにします。

- ☑ 特定の人が迎えに来る子ども
- ☑ スピーチ・クラスに参加する子どもと，その具体的な時間
- ☑ 注意欠陥多動性障害（ADHD），または注意欠陥障害（ADD）の子ども
- ☑ 態度に注意が必要な子ども
- ☑ 学習障害があり，特定の分野で手助けが必要な子ども
- ☑ 何らかの理由で，特に気をつけてあげなければならない子ども

STEP 4　毎日のスケジュール

　毎日のスケジュールを簡単にリストにしておきます。体育館，図書室，コンピュータ室，音楽室などへの移動がある時間も書いておきます。休憩時間，ランチタイム，解散の時間も含めます。

間，ランチタイム，解散の時間も含めます。

STEP 5　授業計画

　1週間の授業計画のコピーを，ハンドブックに入れます。1日が始まる前に渡すことができれば，臨時教員は目を通しておけます。

　もし，授業で配るプリントがあれば，そのコピーもすぐに配れるよう準備しておきます。回収するものがあれば，どこに置いておけばよいのかもわかるようにしておきます。

　詳細な授業計画を渡せない場合，あるいは時間が余った場合に備えて，どういう活動に取り組むのか，どんな活動が役立つかなどを記載した大まかな授業計画も役立ちます。たとえば，数学の教師なら一連の問題を入れておいたり，国語の教師ならエッセイを書くための題材をいくつか書いておいたりするといいでしょう。課題が早く終わった場合の読書課題や，補足の学習課題も入れておきます。

　教室のどこに教材やマニュアルが置いてあるか，臨時教員に伝えます。

STEP 6　クラスの手順

　クラスの手順のコピーを，バインダーに入れておきます。これは学年の初めに子どもたちに渡したものと同じで構いません。読むとクラスがどのように運営されているのかがわかります。鉛筆を削るときやトイレに行くとき，課題が終わらなかったときにはどうすればいいのかを臨時教員が知っておくことは，あなたがいない間も一貫性を保つのに役立ちます。

　緊急時の手順も入れておきます。避難ルートや子どもたちの集合場所を示した地図も含めます。もし，学校で避難訓練の合図があれば，その説明も入れておきましょう。

STEP 7　クラスのルール

　クラスのルールをリストにします。結果やご褒美についても追記します。あなたがいない間もルールを遂行することを，臨時教員に推奨します。

STEP 8　差し向け用紙

多くの学校では，子どもを職員室に差し向けるための定型用紙を用意しています。子どもが反抗的，激昂した，不適切なふるまいをした，などの理由で職員室に行かせる必要があるときには，どうすればいいのかを臨時教員に知らせておきます。バインダーに専用の用紙を入れておきましょう。

体調を崩した子どもを，保健室に行かせる用紙を用意している学校もあるかもしれません。その用紙も，利用の手順を追記して入れておきます。

STEP 9　連絡先情報

臨時教員が質問したい場合に備えて，あなたの連絡先情報も残しておきます。同じ学年の同僚教師の連絡先や，学校の事務員，総務，用務員などの連絡先も残しておきましょう。

STEP 10　メモやコメント用の白紙

白紙のページを何枚か入れておき，臨時教員にその日にあったことや，次の臨時教員のためにあなたが改善できる点など，気付いたことがあれば書き留めてもらえるよう，メモも残します。どの教材を使い，どんな活動をしたか，全体としてどうだったかなどを，臨時教員に書いてもらいます。これを読めば，戻ったときにカリキュラムのどこから続ければよいのかも把握できます。

STEP 11　クラスの振り返り

休みから戻ったら，臨時教員のメモを読み，自分がいない間もよく努力してくれたことを適切に褒めます。臨時教員が難しかったと書いていることがあれば，そこについて対処します。必要に応じて，パフォーマンスが悪かった子どもと個別にミーティングを行いましょう。

誰も，あなたの代わりにはなれません。ですが，臨時教員や子どもたちの不安を軽減する手助けはできます。あなたがフィードバックに対応し，不在の間にクラスがうまくいくよう計画することで，体系立った，学び豊かな1日を過ごしてもらうことができます。

44 教員助手

教員助手は，あなたが授業計画を立てたり，教えたりする時間を増やしてくれる。あなたが助手のために計画を立てて準備をしておけば，皆が恩恵を受ける。

> **解決ポイント**
> 助手との関係を良好に保ち，その役割からの恩恵を十分に受けられるようにしましょう。助手は，あなたと子どもたちの手助けをするために教室にいます。計画を立てておくことで，助手は最大限に成果を上げることができます。

この手順は，以下の問題を解決します。

1. 助手が指示を待つ間，時間が無駄になる
2. 教師が何を期待しているのか，よくわからない
3. 助手と教師の間のコミュニケーション不足

背景

教員助手（実習助手，教師のアシスタント，専門職補助員などの言い方もあります）は，教室における追加の手，耳，目の役割を持ちます。あなたと助手がチームとしてうまくいくよう，準備には時間をかけます。

助手には，手助けが必要な子どもの個別指導，小グループでの復習の指導，事務作業の手伝いなどを行ってもらいます。その結果，あなたは授業の計画，指導，クラス全体のため，さらには成果を上げる教師になるために時間を使うことができます。

CHAPTER 7

手順のステップ

　助手は，高校卒業資格を持っている人から，大学で教育のトレーニングを受けた人まで，人によって経験値が違うことでしょう。

　助手には，最低2年間の教育や特別支援学級の補助経験，あるいは外国語を話せる能力などが課せられることもあります。こうした助手は，専門知識や学習するための意欲を教室に持ち込みます。助手の専門知識を見極め，それを最大限に生かしましょう。

STEP 1　助手ノートをつくる

　このノートは，必要な情報を助手に提供するためのもので，1年を通じていつでも更新できるものです。以下の情報を入れましょう。

- ☑ 子どもと個別に，あるいはグループで作業したり監督したりする際の全般的な責任と期待
- ☑ プリントを採点するときに使用するマークや，成績をつけるためのパーセンテージ計算の仕方，ルーブリックの使い方
- ☑ プリントに記入する文字の成績とパーセンテージの成績の計算の仕方
- ☑ 出欠の確認，コピーのとり方，教室の維持方法
- ☑ 学級のスケジュール，手順，ルール

　さらに，このノートはコミュニケーションの手段として使うこともできます。

　カリキュラム，子どもとの出会い，子どもに手助けをするために必要なことなどを，毎日記録するよう，奨励しましょう。あなたが目を通し，コメントや提案を書き入れ，翌日，助手が子どもたちと作業する前に確認できるようにします。

教師のための手順

STEP 2　定期的なミーティングを設定する

　助手とは定期的にミーティングの機会を持ち，いい仕事をするための関係を築きましょう。定期ミーティングの日時は前もって設定しておきます。

STEP 3　思いやりを持つ

　子どもと身近に接して働くのは，やりがいがあると同時に，助手にとっては体力的にも精神的にも疲れることでもあります。助手の業務は，そのことを配慮して決めます。なるべく多くの種類の業務を行ってもらうようにするとともに，仕事を達成してくれたことやクラスがうまくまわるのをサポートしてくれていることに感謝しましょう。

CHAPTER 7

45 保護者のボランティア

保護者のボランティアは，教室での貢献を導くための手順があれば，とても有意義なものとなる。

> **解決ポイント**
> 手順があれば，保護者のボランティアは，教室での役割をしっかりと把握することができます。教師も，保護者の時間と専門知識を効果的に活用できます。

この手順は，以下の機会をもたらします。

1. 保護者のボランティアを，賢く活用する
2. 保護者のボランティアに，クラスでの大切な役割を理解してもらう

背景

　保護者は，子どもの教育にコミットしていて，その多くの人が時間と専門知識を提供するボランティアにも意欲的です。保護者が教室に関わることで，子どもたちにも前向きな態度や行動が見られます。**ある研究によると，保護者が学校でボランティアをしている子どもは，態度がよく，高いレベルで学びを達成するという結果が出ています。**また，ボランティアをする保護者は，家で子どもの勉強を見るときに，やりやすく感じると言います。

　一般的に，中学校になると保護者は小学校のときほど熱心にボランティアに参加しなくなる傾向にあります。ですが，簡単なガイダンスがあり，声をかけられれば，「ぜひやりたい」という保護者は多いものです。保護者のボランティアに関して，学校の規則を確認してみましょう。

手順のステップ

あなたが，保護者を教室に歓迎することを知らせましょう。様々な機会を捉え，保護者にボランティアの機会を提供します。仕事を持っている保護者も参加できるよう，時間帯にも幅を持たせます。子どもの学校生活に保護者を招き入れて，教育のプロセスに関わってもらいます。

STEP 1　仕事のリストをつくる

保護者のボランティアが手伝うことができる，仕事のリストをつくりましょう。バック・トゥ・スクール・ナイトかオープン・ハウスで，保護者にこのリストを配ります。参加できるものがあれば，登録してもらうようにお願いします。

目立たない仕事を好む人はコピーをとる，備品を集める，クラスの図書を整理するなどを選ぶかもしれません。子どもと直接関わりたい人は，プロジェクトへの参加などを選ぶことができます。業務は様々なものを用意します。

■仕事のリストの例
- ☑ 子どもの手助け
- ☑ クラスの作業の準備
- ☑ 実験やテクノロジーのサポート
- ☑ 教室でのプロジェクトのサポート
- ☑ 文章を書くワークショップのサポート
- ☑ 教室の図書の管理
- ☑ 本の注文の管理
- ☑ 資料のコピー
- ☑ 保護者へのプレゼンテーションを行う
- ☑ 掲示板の管理
- ☑ データ入力

- ☑ リハーサルのピアニスト
- ☑ アート活動の監督
- ☑ ウェブサイトの作成，維持，アップデート
- ☑ 必要なものを寄付する
- ☑ 教室の管理
- ☑ ファイルの整理
- ☑ 子どもの個別指導
- ☑ 宿題の手助け
- ☑ ソフトウェアの専門知識を提供
- ☑ 備品を購入
- ☑ クラスの遠足に同行

　リストには，「その他」の選択肢をつくりましょう。リストにはない，意外な専門知識を持っている保護者もいるかもしれません。
　このリストは，学校のウェブサイトにも掲載します。

STEP 2　保護者に調査票をとる

　バック・トゥ・スクール・ナイトに参加できない保護者もいるでしょうから，保護者全員に調査票を配付します。得意な分野や，ボランティアを希望するかどうかなどを記入して戻してもらいます。子どもにこの調査票を家に持ち帰ってもらうことで，ボランティアを検討してくれる保護者が増えます。
　地方新聞の編集や記者の仕事をしている保護者がいれば，文章を書くワークショップのボランティアを楽しんで行ってくれるかもしれません。地元の劇団に所属している保護者なら，子どもたちの演劇の練習に手を貸してくれるのではないでしょうか。保護者の多くは貴重な知識やスキルを持っていて，子どもの学びを豊かなものにできます。ぜひ，ボランティアとして専門分野を指導に活かしてもらいましょう。

STEP 3　スケジュールを作成する

　保護者から調査票が戻ってきたら，保護者のボランティア・スケジュールを立てましょう。その際，スケジュールには以下の項目を入れます。

■スケジュールに入れる項目
- ☑ 日付
- ☑ 時間
- ☑ タスク
- ☑ 仕事内容の詳細

　スケジュールを子どもに家に持ち帰らせ，保護者に渡してもらいます。クラスのウェブサイトにもスケジュールを掲載しましょう。

　保護者に電話をかけて，お礼を言い，保護者のボランティアのためのオリエンテーションへの参加を呼びかけます。

STEP 4　保護者のボランティアのためのオリエンテーションを企画する

　このミーティングでは，以下を詳細に話し合います。

- ・ボランティアとしての保護者の役割
- ・クラスの手順とルール
- ・学校のドレスコード
- ・いつ，どのように子どもを褒めるか

　保護者には，子どもたちの学びを促進すること，日々の業務をサポートすることが一番の目的であることを理解してもらいます。保護者に対して，ボランティアを行う上ですばらしい成果を上げるために必要なことを伝授します。保護者のサポートに感謝していること，教室に歓迎することも伝えます。

STEP 5　やるべきことリストをつくる

　仕事のリストに対する反応と保護者の調査票に基づき，それぞれの保護者ボランティア用にやるべきことリストをつくります。以下に，例を挙げます。

■やるべきことリストの例
- ☑ 『ジュリアス・シーザー』のスタディー・ガイドを150部刷る
- ☑ クラスの図書を管理する
- ☑ 3時限目に，ブランディーの下書きを編集する手助けをする
- ☑ 4時限目に，ジェイとモナに単語の追試験を受けさせる
- ☑ 資料を明日のプロジェクトのために仕分ける
- ☑ ポスターをラミネート加工する
- ☑ 廊下に子どものプロジェクトを貼り出す
- ☑ 週次のニュースレターをタイプする

　リストに優先順位をつけ，急ぎの仕事が先に終わるようにします。仕事を終わらせる時間や，期間も明記します。
　複数の保護者ボランティアが同じ日に学校に来る予定があれば，それぞれにサポートしてもらいたい時間を伝え，個別に仕事を指定します。

STEP 6　感謝のイベントを企画する

　学校全体で，保護者ボランティア・プログラムを行っているのなら，ボランティア全員に参加してもらう感謝のブレックファースト（コーヒー，ジュース，フルーツ，ペーストリー）か，アフタヌーン・ティー（クッキー）を企画するのもいいでしょう。イベントでは，感謝状を用意します。
　子どもたちには，ボランティアの方々へのお礼の手紙を書いてもらいます。クラス全員が感謝を表している写真を，写真立てに入れてプレゼントするのも，いい記念になります。感謝の印は，高価なものでなくて構いません。大切なのは，「ボランティアの方々が感謝されている」と感じることです。

46 教室参観

教室参観は，優れた指導と体系立ったスキルを披露するよい機会である。事前にわかっている場合も，そうでない場合もあるかもしれないが，学校の管理職や保護者，外部の訪問者などの参観に，いつでも備えておく。

> **解決ポイント**
>
> 参観者を，授業の妨げになるとは捉えないようにします。
>
> 授業を円滑に進めていく確立された手順があれば，どんな参観者が来ても大丈夫です。事前に知らされていても，そうでなくても問題はありません。クラスの子どもたちに誇りを持ち，成果を上げる学級経営の力を見せましょう。

この手順は，以下の問題を解決します。

1. プレッシャーを感じて授業を行う
2. 事前に通知されていなかった参観者を受け入れる

背景

　教室に参観者が来ることを，教師が事前に知らされないことは，よくあることです。知らされていても，そうでなくても，それで授業を止めないようにします。

　あなたの優先順位の一番は子どもたちで，参観者ではありません。

　落ち着いて，ゆっくりと呼吸をします。授業計画があり，手順があれば，100人の顔がドアから覗いても，あなたもクラスも，少しもまごつくことはありません。手順のいいところは，努力なしにクラスがうまく進んでいくよ

うに見えることです。

　計画通りに授業を行い，学級経営がうまくいっているクラスのよさを見てもらいましょう。

手順のステップ

STEP 1　参観者を紹介して，歓迎する

　もし，参観者が来ることが事前に予定されていたら，子どもたちに紹介し，参観の目的を説明します。どこに座ってもらうかを，決めておきましょう。あなたの机に場所をつくるか，子ども用の机を余分に用意するか，教室の横に椅子を置くかなど，決めておきます。

　もし，事前に知らされていなかった場合は，授業を少し中断して参観者を歓迎し，どこに座ればいいか，あるいは立って見てもらうかを案内します。

STEP 2　計画表通りに進める

　掲示してある計画表は，子どもたちにとってのロードマップです。参観者もこれを見れば，授業の流れがわかります。あなたにとっても，集中力を保ち，移動をスムーズに行う手助けになります。経験豊富な教師であっても，参観者が教室にいると，プレッシャーを感じることはあります。そのため，計画表通りに授業を進めましょう。

STEP 3　目的に言及する

　授業の目的を言及することで，参観者に授業のねらいが明らかになるはずです。参観者は，教わっていることを理解しているかどうか，子どもに話しかけることがあります。目的が書いてあると，子どもにとっても答えるのが楽になります。

STEP 4　クラスのニュースレター，手順とルールを渡す

　クラスのニュースレター，手順とルールの予備をすぐに取り出せるところ

に置いておきます。

　参観が予定されているものであれば，この資料を入室のときに渡しましょう。

　もし，事前に知らされていなかった場合，教室から参観者が出ていくときに，参観のお礼とともに資料を渡します。参観者はあなたの準備のよさに，感心するでしょう。

STEP 5　輝く

　事前に知らされていても，そうでなくても，ここはあなたが輝き，最高の姿を見せるときです。自信を持ちましょう。子どもに対して難しい質問をするのを，ためらってはいけません。授業は予定通りに進めます。

　予期していなかった参観者に合わせて，慌てて予定を変更するようなことは避けます。参観者は，いつも通りの授業を見に来ているのです。暗記したり，練習したりした授業ではありません。

　子どもたちとアイコンタクトをとって，あたたかく微笑みます。子どもたちに，授業はいつも通りに続けることを見せます。成果を上げる教師は，いつもと同じことを行います。教えるのです。

CHAPTER 7

47 保護者面談

教師と保護者の面談は，子どもがクラスで成功するための生産的なミーティングと捉える。一緒に子どもを成功に導く姿勢が求められる。

> **解決ポイント**
>
> 保護者面談は，ストレスのたまる，対立的なものになってはいけません。保護者は学びのゴールを理解し，1年を通じてあなたと協力して，子どもの成功を願っているはずです。快適で生産的なミーティングを持ち，協力関係をさらに強くしていきましょう。

この手順は，以下の機会をもたらします。

1. ミーティング時間を生産的に使う
2. 面談の構成を提供する
3. プロとしての自信のある姿を見せる

背景

保護者面談は，通常あなたと保護者が顔を合わせる，2回目の機会です。バック・トゥ・スクール・ナイト（学校・クラス説明会）ではあなたに対して，保護者は瞬時に何らかの印象を持ったことでしょう。保護者面談では，その第一印象を裏付けることになるか，あるいはひっくり返すことになるか，どちらかです。**そのためこの時期，あなた自身が心身ともに「最良の状態」であることが，重要です。**

子どもが面談に参加するかどうかは，一般的にあなた次第です。どちらを選ぶにしても，全員に対して一貫性を持ちましょう。

成果を上げる教師は，授業の前に，よく練られた目的が記載してある計画表と始まりの課題を準備しますが，同じように保護者面談の前にも計画をして準備をします。

　子どもは何が起こるかわからないで教室に来るのを嫌がるように，保護者も面談で何が起こるかわからないことを嫌がります。
　あなたが計画を立てておけば，長々とした演説が始まることはありません。あるいは，こんな状況も避けられます。保護者が教室に成績表を手にズカズカと入ってきて，「娘は先生の授業でなぜCの成績がついたのか，理解できないと言っています。こんなに低い成績をつけた理由を説明していただけますか？」とあなたに詰め寄ります。保護者は不機嫌で，腕を組んで座り，答えを待っています。
　あなたは不意を突かれ，闘いに備えて気を引き締めます。

手順のステップ
　あなたが準備をしておけば，面談は有意義な時間になります。あなたの自信，振る舞い，秩序がクラスをうまくまとめていて，子どもたちのことをよく理解していることを語り，保護者と対立するような事態を防ぎます。

STEP 1　計画し，準備する

　最初の面談は，通常6週間から9週間の成績をつける時期の後に，行われます。この面談では，以下のことを保護者に伝えましょう。

- ☑ 授業で指導した内容
- ☑ 成績に反映されたテスト，プロジェクト，活動の説明
- ☑ これからの9週間で教える内容
- ☑ これから子どもが完成させるプロジェクトや活動

CHAPTER 7

　保護者面談の前に，保護者にEメールまたは手紙で面談の内容について知らせます。
　所要時間も明記し，時間を守ってくれること，待ち時間の間に他の保護者にも礼を尽くしてくれることに感謝します。事前に面談の内容と所要時間を知らせておくことで，全員に心の準備ができます。
　面談の前に，子どもにも面談でどういうことを話すのかを伝えておきます。教師と保護者の面談は，秘密のミーティングではありません。子どもの成功を，保証するものです。子どもにも，あなたが保護者に話す内容を知っておいてもらいましょう。

　子どもから，保護者が心配している成績について，「あなたと1対1で話し合う場を持ちたい」という申し出があるかもしれません。そうすれば，保護者が学校であなたから説明を聞く前に，子どもは家で自分から保護者に説明することができます。
　面談が始まったとき，保護者がすぐに子どもの成績について話し出そうとしたら，笑顔でこう言いましょう。

> 　ようこそいらっしゃいました。お子さんの成績について話をするためにいらしてくださってありがとうございます。
> 　まずは，クラスで何を勉強してきたのかを，見ていきましょう。その上でどういうことが成績に反映されているのかをご説明してから，成績の話に移りたいと思います。

　こうした対応をすれば，保護者の緊張は解かれ，怒りを逸らすことができます。保護者が成績のことで気が立っていたとしても，気持ちを落ち着ける余裕ができますし，あなたは計画通りに話を進められます。

STEP 2　保護者を笑顔と握手で迎える

　保護者が部屋に入ってきたら，親しみを込めた笑顔と握手で迎えましょう。自信を持って，あたたかく歓迎します。

STEP 3　記録カードを用意する

　保護者には，記録カードに自分の名前と子どもの名前を書いてもらいます。連絡先（電話番号，Eメールアドレス，家の住所）と，一番都合のいい連絡方法も記入してもらいましょう。このカードは，面談の順番を待つ間に書いてもらうように準備しておきます。面談が始まる前にカードを預かり，連絡先を確認します。

　もし，書いていなければ，口頭で質問をして，あなたが記入します。

記録カード

子どもの名前	
保護者の名前	
子どもとの関係	
電話番号	
住所	
都合のいい連絡方法　　電話　　　Eメール　　　家への訪問	
都合のいい時間帯	

STEP 4　ノートを用意する

　ノートをとる準備をしておきます。保護者は重要だと考えていることを話すかもしれません。その情報を書きとめましょう。**あなたがノートをとっていることで，保護者はきちんと聞いてもらっていることを実感できます。**

　このノートは後で確認するために，安全な場所に管理しておきます。ノートに書いたことは，「**機密情報**」として扱いましょう。

CHAPTER 7

STEP 5　成績を印刷する

　ほとんどの学校では，電子の成績表を採用しています。それにより，それぞれの子どもについて，以下の情報を取得・管理できます。

- 提出されたすべての課題
- 課題の作成日
- 課題の提出期限
- 課題についてのクラスの成績の平均値
- 子どもの課題の成績

　課題のレポートがあれば，子どもの成績を説明できます。保護者が成績の低さに懸念を示した場合，レポートを見れば原因の検討はつきます。

- 完成していない課題に対して0点がある
- テストを受けていない
- 補習を受けていない
- 勤勉さの欠如
- 欠席が多い

　このレポートを事前に出力しておくことは，効率よく面談を進める上で不可欠です。

　もし，保護者が成績について取り乱しているようなら，こう言いましょう。「私がつけたというよりは，お子さんが自分で獲得した，成績を見てみましょう」。課題レポートには，ほぼ説明はいらないでしょう。バイアスのかかっていない結果が出ています。

　授業が始まったら，保護者が面談に出席できなかった子どもに課題レポートを渡し，家に持ち帰って保護者と共有するように伝えます。

STEP 6　タイマーをセットする

　タイマーをセットしておくことで，面談はスケジュール通りに進みます。面談では，ほとんどの保護者は「どうすれば子どもの成績が伸びるか」を知りたいものです。もし，改善できる点があれば，提案できるように準備しておきましょう。面談では，子どもの成功に貢献できるツールを保護者に与えられるようにします。

　タイマーが鳴ったら，立ち上がって話を続けますが，会話が終わっていなくても，ゆっくりと保護者をドアのほうへ誘導します。保護者も続きます。「お子さんの進捗について話すためにいらして頂いてありがとうございます」と保護者にお礼を言い，他の保護者の方々が待っていることを伝えます。**もし必要なら，別途あらためて面談を設ける旨を提案します。**

　タイマーは，実際の会議終了時間の1分前にセットしておきます。そうすれば，以下の時間をとることができます。

- 面談をまとめる
- 保護者にお礼を言う
- 保護者をドアまで案内する
- 次に待っている保護者に挨拶をする

STEP 7　提案がないか聞く

　課題レポートを確認した後，子どもの成功を助けるのに何か提案はないか，保護者に聞いてみましょう。この情報をノートに書き留めます。

STEP 8　フォローアップする

　面談のときにとったノートを読み返します。フォローアップ・ミーティングが必要な場合は，その予定を決め，お礼の電話をかけます。あるいは子どもと話し，成功するための計画を立てます。秩序を持って，計画を実行できるようにします。

CHAPTER 7

48 バック・トゥ・スクール・ナイト（学校・クラス説明会）

考えや行動，そして環境を準備しておくことで，
保護者に初めて会う不安や緊張を消し去っていく。
その際，事前に準備し，何を言うかも決めておく。

> **解決ポイント**
>
> バック・トゥ・スクール・ナイトは，保護者とあなたとの関係を決めるものです。笑顔でリラックスし，自信を持って前向きに話しましょう。必要に応じて，予行練習も行います。教えるのが楽しく，教えるのが得意なことを，まさに教えてみせることで表現します。

この手順は，以下の大切な質問に答えます。

> 1．何を着ればいいのか
> 2．どう準備すればいいのか
> 3．保護者は何を聞きたがっているのか

背景

あなたは準備に当たって，自分の一挙一動を吟味していることでしょう。1年で最も大切な日のうちの1つです。その日の夜，保護者のあなたに対する印象が決まり，自分の子どもを指導するのに，どれだけ有能な教師かの目星もつけられます。すべては，10分から15分の間に決まります。あなたが話を始める前から，保護者のあなたに対する印象は形づくられるのです。

手順のステップ

　バック・トゥ・スクール・ナイトが，これからの1年間の保護者との関係を方向付けます。あなたが学校に入ったばかり，あるいはまだ教師としての経験が浅いのなら，長年その学校につとめている教師に，過去の様子とどういうことを想定すればいいのかを聞いておきましょう。準備をすればするほど，当日が楽になります。

STEP 1　成功のために装う

　第一印象は，外見に基づいています。 プロの教師らしい服装をしていないと，「大丈夫かしら？」という印象を持たれかねません。尊敬され，信頼とプロ意識を表すために教師らしい服装をしましょう。

■**男性にふさわしい服装：**
・糊のきいた，アイロンのかかっている襟付きのシャツにネクタイ
・ズボンにベルト
・革靴

■**女性にふさわしい服装：**
・落ち着いた色のスーツ，あるいはパンツ・スーツ
・すっきりとしたワンピース
・革靴

　派手な色や目立つ柄物，シワが寄っている服，流行りものの服，大きすぎるジュエリー，けばけばしいものや，落ち着かないようなものは避けます。

STEP 2　保護者を入口で出迎える

　保護者を入口で，笑顔と親しみを込めた握手で迎えます。来てくれたお礼を言い，登録用紙に名前を書くようお願いをします。

登録用紙には名前，Eメールアドレス，子どもの名前を書いてもらいます。保護者が列になって並ぶことのないよう，登録用紙はあらかじめいくつかの場所に置いておきます。三つ折りのパンフレットを用意し，出迎えるときに保護者に渡します。ここには，以下のような情報を入れます。

- クラスの手順とルール
- 教育課程の概略
- 連絡先情報

保護者は説明が始まるのを待つ間，この情報を読んで過ごします。

STEP 3　準備しておく

保護者から聞かれるかもしれない質問を考え，保護者へのプレゼンテーションに答えを入れ込みます。

■プレゼンテーションで準備しておくこと
- ☑ 宿題のポリシーは？
- ☑ １年間でどのようなプロジェクトが計画されているか？
- ☑ 課題を完成させるのに，どれくらい時間を与えられるのか？
- ☑ 教室ではICT機器が使われるのか？
- ☑ どんなソフトウェアを使うのか？
- ☑ 読書課題は？
- ☑ 遠足には行くのか？
- ☑ 学校の遅刻に関する方針は？
- ☑ 学校の欠席の方針は？
- ☑ 学校の成績の尺度は？
- ☑ 家庭でどのように子どもの手助けをすればよいのか？

STEP 4　話す要点のリストを作成する

　バック・トゥ・スクール・ナイトには教師が関わりますが，これは教師についての会ではありません。最初に自己紹介をしますが，これは簡潔にしましょう。保護者はあなたについて，何かしら知っておきたいと考えているため，卒業した学校，教師として何年の経験があり，どの学年を教えてきたかを伝えます。

　あなたが何を言うか，どのように言うかで，あなたがどれだけ一生懸命に子どものことを考えているのかが，測られます。保護者に以下のことを感じてもらいましょう。

- 心から子どもたちのことを気にかけている
- 公平である
- 子どもたちに敬意を持って接している
- 子どもの教育を大切だと考えている
- 子どもにとって一番いいことを考えている

　保護者は，安心感を求めています。うまく指導する準備ができていて，毎日ベストを尽くすと伝えます。そして子どもたちにも，宿題を完成させ，毎日ベストを尽くすことを期待している，と話します。保護者が聞きたいのは，そういうことなのです。

STEP 5　連絡先情報を提供する

　保護者に，あなたへの連絡方法を説明します。入口でパンフレットを受け取っていたら，その中の連絡先情報を示します。以下を共有しましょう。

- あなたの担当科目（学年・クラス）
- 学校のウェブサイトとEメールアドレス
- クラスのウェブサイト
- あなたのEメールアドレスと電話番号

STEP 6　重要な情報を共有する

クラスのウェブサイトがあれば，アクセス方法と実際の画面を見せます。以下を説明しましょう。

> ・宿題の課題へのアクセスにウェブサイトを使う
> ・重要なリンクにアクセスする
> ・子どものプロジェクトのサンプルを見る

その後，宿題と補習の方針を説明します。さらに，教科書や，子どもの作品のサンプルを展示してもよいでしょう。

STEP 7　質問はないか聞く

保護者が，一般的な質問をする機会をつくりましょう。子どもについての個人的な質問は個別に対応すべきなので，メールや電話で話すか，保護者面談をアレンジすることを提案します。

もし，全体がうまく計画されていれば，保護者からの質問はあまり多くならないはずです。ただし，**質問の機会をつくることは大切です**。教室でも，子どもたちが質問をする機会を与えられることと同じです。

STEP 8　保護者に感謝する

忙しい中，時間をとってくれたことに感謝します。

保護者に，会えて楽しかったと伝えましょう。そして今日，保護者にとってそうであったように，子どもたちは時間を使う価値のある生産的で多くの情報を期待できる毎日を，教室で過ごすことになると説明します。

教師のための手順

49 家庭と学校の連携

保護者が授業の課題や活動，子どもについての情報を得られるよう，教師は複数の手段を提供していく。そうすることで，保護者にコミュニケーションをとってもらい，サポートしてもらう。

> **解決ポイント**
> クラスや学校で起こっていることを家庭に知らせ，巻き込むよう，意思の疎通を図る複数の通信手段を持っておきましょう。家庭と教室がつながれば，関係はより前向きなものになり，あなたと子どもたち全員が学びを達成する確率が高くなります。

この手順は，以下の機会をもたらします。

1. 様々なコミュニケーション・ツールを使って，家庭と学校の強い信頼関係を築く
2. 保護者に，クラスの活動に関わることを奨励する

背景

　時間は，賢く使うべき貴重なものです。現在，共働きの家庭が増えています。そのため，保護者に子どもの学校生活に関わってもらうには，あなたは効率のよい，様々なタイプのコミュニケーションを提供しなくてはなりません。学校の課題や活動，問題，イベントなどについてコミュニケーションの手段が多ければ，それだけ保護者全員がクラスとつながり続ける可能性が高くなるのです。

手順のステップ

家庭と学校をつなぐツールには，様々なものがあります。学校が始まる前，クラスと保護者にとって，どのツールが一番適切かを決めましょう。

あなたが保護者と子どもに最初に送る歓迎の手紙に，コミュニケーションの手段についての情報も入れましょう。あなたが子どもの学校生活について情報を知らせるツールを持っているとわかると，保護者は安心します。

STEP 1　週次のクラスのニュースレター

1週間の終わりに，子どもに週次のニュースレターを持ち帰らせます。ニュースレターは1ページで簡単に読める1週間のまとめです。以下のような情報が含まれています。

- それぞれの教科で，翌週学習する範囲
- これから先の重要な日付
- その他保護者に知らせておくべきこと

ニュースレターは，家に持ち帰る用紙でも，保護者にメールで送る電子ファイルでも，どちらでも構いません。保護者は，週の終わりにはこのニュースレターを受け取ると思うようになります。

STEP 2　クラスのウェブサイト

シンプルなウェブサイトをつくり，子どもたちと保護者が更新された以下のような情報を，いつでも見られるようにしておきます。

- 宿題
- テストの日程
- クラスで勉強している内容に関連した便利なリンク
- 行事
- 今週のスペリング・ワード

保護者はウェブサイトをチェックすることで，いつでもどこでも，最新の情報を把握できます。

教師のための手順

　ウェブサイトは毎週，週の終わりに新しい情報に更新します。ウェブサイトのアドレスは子どもたちの週次の課題シート，すべての保護者への手紙，またあなたのEメール署名の一部として最後の行に載せておきましょう。
　クラスのウェブサイトに，余計なものを追加することはありません。あなたが1年を通じて管理しやすく，保護者が簡単にアクセスできて読みやすいものにしましょう。

STEP 3　Eメール

　保護者のほとんどは，家庭や会社，あるいは電子機器でEメールでのアクセスができるでしょう。保護者と簡単に連絡をとるには，この手段を使います。できるだけ早いタイミングで保護者にあなたのEメールアドレスを渡し，質問や心配なこと，意見などがあれば，いつでも連絡をするように伝えます。紙に書かれた連絡と同じように，保護者とのEメールのやりとりは学年が終わるまで，専用フォルダに入れて保管しておきます。

STEP 4　ボイスメール

　授業を妨げることなく連絡がとりたい場合には，保護者にボイスメールにメッセージを残してもらえるよう，伝えます。Eメールアクセスができない，あるいは直接話すほうを好む保護者は，このやり方を便利に感じます。
　あなたは授業が終わったらボイスメールを確認し，速やかに折り返し電話をかけるようにします。

STEP 5　週次レポート

　毎週，週の終わりに保護者にEメール，または手紙で週次レポートを届けます。**これは宿題やクラスの課題が出ていない子ども，あるいは特別な問題があった子どもの保護者に対しての連絡です。**保護者はレポートを受領したことをメールの返信，または紙に署名して月曜日に子どもに持たせることで，教師に知らせます。このレポートには，あなたがコメントを書き，保護者が答えるスペースを空けておきます。週次のレポートは，保護者が子どもの進捗や完成させるべき課題について把握するためのものです。

CHAPTER 7

50 学級におけるIT

テクノロジーを使うときの「責任」について理解すれば，オンラインの無限な情報の中を進みながらも，子どもたちは安全でいられる。

> **解決ポイント**
>
> 子どもたちにも教師にも，テクノロジーは学びに新しい扉を開きます。ただし，教室でのテクノロジーの利用には，責任が伴います。学びが実施され，子どもたちが安全でいることを確認するのは，あなたの仕事です。

この手順は，以下の問題を解決します。

1. 不審なブラウジング
2. 子どもの安全

背景

教室，あるいはコンピュータ室，実験室などで子どもたちがコンピュータを使う機会は多いでしょう。ウェブは無限の情報を提供し，子どもたちは変化し続けるテクノロジーを学びのサポートに使います。**教室でのテクノロジー利用，インターネットについての手順を設けるのはあなたの仕事です。**

手順のステップ

ここで挙げるステップは，教室で使われる複数の機器に対応する一般的なものです。あなたのクラスで使用しているテクノロジーの種類に合わせて，またあなたがITをどう学びに利用したいかに応じて，変更を加えましょう。

教師のための手順

STEP 1　オンラインの安全性の誓約書をつくる

　コンピュータや他の教室で使うテクノロジーについては，学校とあなたが安全だと判断する基準を，子どもたちに指導する必要があります。**子どもが考える安全と，あなたの考える安全は，同じとは限りません。**子どもにインターネットの閲覧を許可するときには，すべてを準備しましょう。

　「オンラインの安全性の誓約書」を準備し，あなたと子ども，保護者が署名してから初めて，子どもに教室でのテクノロジー利用を許可します。誓約書は保管しておき，オンラインのリサーチを伴うプロジェクトを始める前には，この誓約書に触れるようにします。

オンラインの安全性の誓約書

私は以下を使ったり，公開したりしません。

- フルネーム
- 住所
- 電話番号
- 学校
- パスワードのような個人情報

私は教師や保護者の許可なく，インターネットを通じて自分や他人の写真を送ることはしません。
私はインターネット上で，個人情報を記入するフォームやリクエストには，書き込みません。

私は悪い言葉は使いません。
私は他人を傷つける／違法である／学校の方針に反する活動には関わりません。

　子どもがオンライン作業を始める前に，本人と保護者にこの用紙に署名してもらいます。

STEP 2　保護者への承諾書を準備する

「保護者への承諾書」を準備して，子どもが教室で使うテクノロジーについて知らせます。以下のような項目が含まれます。

- ☑ E メール
- ☑ 掲示板
- ☑ チャットルーム
- ☑ ブログ
- ☑ Wiki
- ☑ インターネット・ブラウジング

インターネットのユーザーが直接的，あるいは間接的に受けた被害に対しては，あなたや学校，行政区は責任を持たないことを明記します。

子どもがインターネットを使う前に，この書類に保護者に署名してもらいます。

STEP 3　子どもたちに，自分の責任を理解させる

子どもたちに，教室でテクノロジーを使う権利について話しましょう。権利には責任が伴います。

子どもたちを信頼していることを伝え，同時に IT の利用はモニターされることも説明します。あなたが子どもたちを信頼すればするだけ，がっかりさせられるようなことはなくなります。

仮に信頼が侵されたら，権利を失う可能性があること，さらに状況次第では，もっと厳しい対応があるかもしれないことを伝えます。この権利に関しては，悪用は許されないことを理解させます。

教室でテクノロジーを使うたびに，責任について話しましょう。

教室で使用している機器について，入れ替えにかかる費用をリストにして掲載します。故意により破損させたり，誤った利用方法で使えなくなったり

した機器については，入れ替えの責任は本人にあることを知らせておきます。

STEP 4　子どもたちのIT利用をモニターする

　子どもにITの利用を許可しているほとんどの学校では，不審なウェブサイトをブロックするフィルターを使っているでしょう。もし，フィルターがなくても，あなたが見回りをすることで同様の効果があります。**子どもたちがインターネットの閲覧をしているときは，歩きまわって，注意深く監視しましょう。**

　適切なブラウジング，言語，コンテンツについて，はっきりと説明します。具体的に伝え，質問がないか，確認します。もし，適切かどうかを確認しなければならないようなら，おそらく適切ではないということも言っておきましょう。ランダムに，コンピュータの閲覧履歴をチェックします。

　1年を通じて，子どもには同じコンピュータを割り当てましょう。そうすれば，何か問題があったときには，ユーザーを特定できます。

　子どもたちには度々責任について忘れないように伝え，結果を強化します。教室での不適切なテクノロジーの利用を，許してはいけません。

テクノロジーの利用には「責任」が伴う

EPILOGUE
エピローグ
さあ，やってみよう

EPILOGUE

実行し，やり抜く

> 「努力」が，物事を成し遂げる。
> キャロル・ドウェック，スタンフォード大学

成功する人は実行する

　勝利をおさめるチームや利益を上げる企業，子どもたちが成功するクラスや学校には，実行する力があります。**実行は，直接的に結果に結び付きます。本書は，あなたが手順のあるクラスをつくりあげ，子どもたちが学習や課題を実行し，成功できるように書かれています。**

　殿堂入りしているアメリカン・フットボール選手のジェリー・ライスは，多くの人から史上最高のレシーバーと評されています。彼は練習の最中にパスを受けたら，そのままグラウンドの端まで走り，タッチダウンの練習をしたそうです。すべてのパスのゴールは，そこにあります。受け取って止まるのでなく，走ってタッチダウンを目指すことです。

　ボールを手にするたびに何度も繰り返し練習してきたことを，実行に移す準備が彼にはできていました。

> 『実行する』（ex'・e・cute）
> 意味：実際に行う，遂行する（計画，命令，一連の行動）

　人は実行することで，物事を成し遂げます。やり抜くのです。ルイス・ガースナーはIBMのCEOとして同社の苦しい時期に経営再建をしたことで評価されていますが，引退するときにヘッドハンターにこう言ったそうです。「実行（execute）できる人を探してくれ！」。ビジネスの世界では，従業員は全員，仕事を終えるために行動することが求められています。

　アメリカン・フットボールでは，全員がゴールラインに集中しています。コーチは，選手たちに確実にプレーする（execute）ように言います。プレーをやり抜き，最後まで粘ることです。試合の中では1回のプレーかも

しれませんが，それが勝利を決めたり，相手チームの得点を防いだりするかもしれません。いずれにしても，プレーを正しく実行することが大切です。

多くの学校では，ゴールラインも，ゲームプランもありません。様々なプログラムや流行りもの，イデオロギーがあるだけです。こうした戦術を寄せ集めたものは，実行ではありません。実行するのは人です。人が，物事を成し遂げるのです。成果を上げる学校では，子どもの学びの達成に最も大切なのは，教師であるということをわかっています。

成果を上げる教師は，実行します。彼らは以下のことを成し遂げます。

1　物事を実現する
2　物事を終わらせる
3　やり抜く

子どもたちが何をどう行えばいいのかをわかっているのなら，あなたは最高の学びの環境を整えたことになります。**手順を実行し，やり抜くよう指導すれば，成功するクラスのルーティーンができます。**

やり抜いて，仕事を完成させる

ビジネスの世界では，従業員は計画やプロジェクトを完成させることが求められます。彼らの仕事は，計画やプロジェクトを実行することです。

実行を成功させ，生産性を生むことで給与をもらっているのです。

世の中では，うまく実行できる人，正確に礼儀正しく行うことができる人が評価され，報われます。銀行や企業，小売店で，あなたが客としてサービスを受ける際に期待するのは，こういう人です。

ジョージア州のエリート・アカデミーの教師，クリスタル・ムーアは教室に次のようなポスターを貼っています。「わからないなら，私がやるのを見てね」。

テキサス州，コンフォートのメリッサ・ダンバー・クリスプは，学級開きで，こう言います。"I can't（できない）"は，"I Completely Admit I'm Not Trying（挑戦していないことを，認めるということになります）"の頭文字よ」（だから「すぐに can't と言わないでね」）。

EPILOGUE

あなたが手順を使って体系立てるクラスでは，子どもたちは以下のことを達成できるでしょう。

1　努力する
2　完成する
3　正確に成し遂げる

あなたが結果を重視する，集中力とビジョンを持った人なら，本書で非常に優れた学級経営のスキルを学び，あなたのクラス，学校，教育，ひいては世界に重要な影響を与えるでしょう。

学校の最も大切な資産

子どもの学びの達成に，唯一，最大の影響を与えるのは，成果を上げる教師の存在です。これは全く難しいことではありません。教師がうまく指導すれば，それだけ子どもがよく学ぶ機会を持てるということです。**教師は学校の，そして人類の最も大切な資産です**。

あなたには，大変な責任があります。子ども時代は一度きりです。あなたの仕事は，明るい未来のためのスキルと希望を子どもたちに持たせ，それぞれが自分の可能性と真価を発揮できるよう，力を貸すことです。

子どものためにできる一番いいことは，可能性を持つ人として，あなたがその子どもを信じることです。あなたの体系立ったクラスで，その信念は大きくなり，子どもたちはなるべき人物へと育っていくでしょう。

あなたが教師になったのは，人に影響を与えるためです。子どもの人生を変えるためです。あなたは影響を与えるだけではありません。あなた自身が影響力なのです。あなたのクラスの子ども全員にとって，大切な影響力になるために尽くしていただき，ありがとうございます。

だから，あなたは「教師」と呼ばれるのです。

あらゆる職業の中で，最も高潔な仕事です。

ハリー・K・ウォン／ローズマリー・T・ウォン

著者・訳者紹介

［著　者］

ハリー・ウォン　Harry K. Wong

サンフランシスコ出身。カリフォルニア大学バークレー校で学士号を取得、ブリガム・ヤング大学で博士号を取得している。以前は、科学の高校教師として勤務していた。その際、子どもたち１人１人に問題行動が起こらず、学びに熟達する結果をもたらす手法を開発したことで、ナショナル・ティーチャーズ・ホール・オブ・フェームの特別功労賞を受賞するなど、多くの栄誉を受けている。インストラクター誌では、教育界で最も尊敬されている人物20名の中の１人にも選ばれた。

ローズマリー・ウォン　Rosemary T. Wong

サウスイースタン・ルイジアナ大学、ルイジアナ州立大学、ブリガム・ヤング大学で学位を取得。サウスイースタン・ルイジアナ大学とルイジアナ州立大学から優秀卒業生として表彰されている。小学校と中学校の教員を務めた後、カリフォルニアにおいて教師のメンターとして活躍。シリコンバレー・ウーマン・オブ・アチーブメント賞を受賞している。

　２人は、「成果を上げる教師：Effective Teacher」の第一人者として活躍。アメリカ各地で講演依頼が殺到し、その予定は数年先まで埋まっている。ハリーはこれまで世界中で、100万人以上の教育者に向けて講演を行ってきた。2010年からはローズマリーも共に講演するようになり、今では２人でプレゼンテーションを行う度に、スタンディング・オベーションを受けている。

　２人の最大の功績は、教育界で前例のないベストセラー『the First Days of School』の出版であり、その売上は400万部以上に達し、８か国語に翻訳されている。2017年には『世界最高の学級経営』（東洋館出版社）として、邦訳もされた。この本により、学校は次々と生まれ変わり、何万人もの教師の人生が好転していった。また、２人は「the First Days of School Foundation（www.FDS-Foundation.org）」を創設し、カンボジアのジャングルの中に学校を建て、ここで毎年400人以上の子どもたちが学ぶ機会を手にしている。

［訳　者］

稲垣みどり　Midori Inagaki

翻訳者。上智大学文学部英文学科卒業。幼少時の大半をヨーロッパで過ごす。日本興業銀行（現・みずほ銀行）を経て外資系金融会社に勤務。主な訳書に『ビッグデータ時代襲来　顧客ロイヤルティ戦略はこう変わる』（アルファポリス）、『大統領の疑惑』（キノブックス）、『世界最高の学級経営』（東洋館出版社）、『アイコン的組織論』（フィルムアート社）、共訳書に『呼び出された男―スウェーデン・ミステリ傑作集―』（早川書房）などがある。

図解実践
世界最高の学級経営
The Classroom Management Book
―成果を上げる教師になるための50の技術

2018（平成30）年3月10日　初版第1刷発行

著　者　ハリー・ウォン
　　　　ローズマリー・ウォン
訳　者　稲垣みどり
発行者　錦織圭之介
発行所　株式会社 東洋館出版社
　　　　〒113-0021　東京都文京区本駒込5-16-7
　　　　営業部　TEL：03-3823-9206　FAX：03-3823-9208
　　　　編集部　TEL：03-3823-9207　FAX：03-3823-9209
　　　　振　替　00180-7-96823
　　　　Ｕ Ｒ Ｌ　http://www.toyokan.co.jp

［装　　丁］中濱健治
［本文デザイン］竹内宏和（藤原印刷株式会社）
［印刷・製本］藤原印刷株式会社

ISBN978-4-491-03479-9　　Printed in Japan